Anna Maria Barreca · Concetta Cogliandro · Gisella Murgia

palestra italiana 1

esercizi di grammatica
livello elementare / pre-intermedio
Q.R.E.: A1 - A2 - B1

Bonacci editore

Bonacci editore
Via Paolo Mercuri, 8
00193 ROMA (Italia)
tel:(++39) 06.68.30.00.04
fax:(++39) 06.68.80.63.82
e-mail: info@bonacci.it
http://www.bonacci.it

Printed in Italy

ISBN 88-7573-383-X

palestra italiana

indice

palestra italiana

introduzione

Perché un manuale esercitativo delle strutture grammaticali della lingua italiana? La risposta va certamente ricercata nella necessità di fornire ai numerosi studenti stranieri che frequentano i corsi di lingua italiana uno strumento idoneo a fissare le strutture studiate e a verificarne l'avvenuta assimilazione. L'idea è venuta alle autrici dalle continue sollecitazioni di centinaia di studenti che, una volta completato il loro corso, hanno manifestato l'esigenza di continuare lo studio della nostra lingua anche dopo il loro rientro nei Paesi d'origine.

Il manuale, che è di indubbia utilità anche per gli studenti di italiano come L1, è pensato per i diversi livelli di apprendimento della lingua (dal livello principianti all'avanzato) e, nella sua strutturazione, segue criteri che ne permettono un facile uso. A tale scopo i vari esercizi sono selezionati secondo il criterio della gradualità sia dal punto di vista della complessità della struttura che da quello della difficoltà lessicale.

Ogni esercizio è infatti contrassegnato da un simbolo. Un peso individua evidentemente un grado di difficoltà minore rispetto alla maggiore complessità contrassegnata invece da due o tre pesi.

Per quanto riguarda la parte lessicale, il manuale comprende le prime cinquemila parole che fanno parte del lessico di frequenza della lingua d'uso.

Un ausilio importante per gli studenti che volessero utilizzare il manuale senza la supervisione dell'insegnante è sicuramente l'inserimento di soluzioni alla fine del volume.

Queste, pur non avendo la pretesa della completezza, offrono una serie di possibili risposte alla stessa frase o testo. Va comunque precisato che, per quanto riguarda i testi autentici, si è scelto di riportare la soluzione originale e questo per evitare di modificare un'opera che verrebbe così a perdere le caratteristiche originarie volute dal suo autore.

Le autrici desiderano ringraziare il prof. Giovanni Battista Moretti dell'Università per Stranieri di Perugia per i suoi preziosi consigli.

legenda dei simboli

esercizio semplice

esercizio medio

esercizio complesso

palestra italiana

articoli e dimostrativi

1. *Completate con l'articolo determinativo appropriato.*

1. ...IL... cane è nella sua cuccia.
2. ...La... macchina è nuova.
3. ...IL... quadro è molto bello.
4. ...La... finestra è chiusa.
5. ...IL... giornale è sul tavolo.
6. ...IL... limone è giallo.
7. ...L'... aula è luminosa.
8. ...La... mela è marcia.
9. ...Lo... zio di Anna è svizzero.
10. ...La... matita è sul banco.
11. ...L'... autobus è arancione.
12. ...Lo... zaino è pesante.
13. ...IL... cassetto è aperto.
14. ...La... poltrona è comoda.
15. ...IL... computer è acceso.
16. ...IL... gatto è sulla sedia.
17. ...Lo... scarpone è sotto il letto.

2. *Completate con l'articolo indeterminativo appropriato.*

1. È ...una... storia commovente.
2. Lucia è ...una... studentessa spagnola.
3. È ...un... film noioso.
4. Hai ...un... carattere dolcissimo.
5. Sei ...una... ragazza simpatica.
6. È ...un... libro italiano.
7. Giovanni è ...un... insegnante preparato.
8. L'Italia è ...un... paese stupendo.

9. Mario ha ....un..... appartamento in centro.
10. Il leone è .....un.... animale pericoloso.
11. Ho ......un.... grande giardino.
12. Gloria è ....una.... brava giornalista.
13. La boxe è .....uno.... sport pericoloso.
14. Alda è ....un'.. esperta nuotatrice.
15. Questo posto è ......un... angolo di paradiso.
16. Avete ......una.. penna?
17. Sul tavolo c'è ....un..... pacco per te.
18. Jack è .....uno... studente americano.
19. La Lombardia è ....una... regione del nord Italia.
20. Domenica c'è ....un..... concerto in piazza.

3. Completate con l'articolo determinativo o indeterminativo appropriato.

1. .... specchio del bagno è grande.
2. Il cane è .... animale fedele.
3. .... strade di quel paese sono piene di buche.
4. .... modelle sono molto magre.
5. .... lezione è cominciata in ritardo.
6. Non è .... lezione interessante.
7. .... spinaci sono nutrienti.
8. .... lingua italiana è difficile.
9. .... giardino di Camilla è stupendo.
10. Luciana fa .... sugo di pomodoro molto buono.
11. Ragazzi, ... pranzo è pronto!
12. È già partito .... treno per Milano?
13. .... documenti degli studenti sono in segreteria.
14. Complimenti, hai .... giardino stupendo!
15. .... occhiali sono nella borsa.
16. Hai apparecchiato .... tavola?
17. .... camera dei bambini è molto piccola.
18. .... libro di Artusi sulla cucina italiana è interessante.
19. .... tavolo da pranzo è rotondo.
20. C'è .... tavolo libero per noi?

4. *Collegate l'articolo al nome.*

gli	giorno	la	gatto
il	strada	lo	zaino
la	cuore	il	ruota
il	occhi	le	sera
la	esercizio	la	banche
il	panna	un	arancia
l'	metro	un'	occhio
un	notte	l'	colonna
la	anno	la	traduzione
la	casa	l'	giustizia
una	terra	il	orecchio
la	tazza	la	soldato
l'	orso	la	oro

5. *Collegate gli aggettivi dimostrativi ai nomi.*

Quelle	zaino	Quel	stelle
Quel	pizza	Quella	piede
Quella	pennarelli	Quelle	sedia
Quei	cane	Quell'	zoccolo
Quell'	professore	Quello	ragazzi
Quello	uomo	Quei	ragazze
Quegli	mele	Quelle	oca
Quel	studenti		

6. *Completate con gli aggettivi e i pronomi dimostrativi appropriati.*

1. .... anello è più prezioso di .... là.
2. .... borsa è di Luisa, ... là è di Angela.
3. .... caramelle sono alla menta, ... al limone.
4. .... pantaloni mi stanno meglio di .... che ho provato stamattina.
5. .... automobile è più potente di .... che ho guidato ieri.
6. Sono due libri diversi: .... qui parla di fantascienza, ... di politica.
7. .... ragazze sono danesi, ... che ho incontrato ieri erano greche.
8. Di .... tempi è meglio risparmiare che spendere tutto in cose inutili.
9. .... che dici non mi interessa: devi finire .... lavoro al più presto.
10. Non c'è niente da fare, ... signore non vuol proprio capire.

7. Completate con gli articoli appropriati.

È una bella giornata.

.... mamma ha deciso di fare .... picnic con tutta .... famiglia. Per questo prende .... zaino grande per portare .... tovaglia, ... forchette, ... cucchiai, ... coltelli, ... bicchieri, ... tovaglioli, ... pane, ... prosciutto, ... scatolette di tonno, ... arance, ... acqua minerale per tutti.
In mezz'ora arrivano in .... bel prato vicino al bosco. Su .... albero vedono .... scoiattolo. Marcello, ... figlio più piccolo, ha paura.
"Non c'è pericolo – dicono tutti – .... scoiattoli sono .... animali tranquilli.
È .... prima volta che vede .... animale con .... coda grande.

8. Completate con gli articoli appropriati.

Il regalo più bello

.... mio amico, che considero .... po' strano, ... giorno del compleanno della madre della sua ragazza ha comprato .... bel mazzo di rose ed è andato alla festa. Madre e figlia hanno aperto .... porta e lui le ha salutate offrendo .... rose solo alla ragazza, che ha ringraziato con .... bel sorriso.
.... madre si aspettava .... regalo e perciò ci è rimasta molto male. E .... mio amico allora le ha detto: "Signora, ... mio regalo per .... suo compleanno è .... sorriso di sua figlia!"

9. Completate con gli articoli appropriati.

Il bello e il brutto di una città

.... bello può essere .... fontana salvata dall'incuria, ... brutto .... piazzetta rovinata dal parcheggio, ... bello .... angolino valorizzato dai fiori, ... brutto .... chiesetta dimenticata dai fedeli o dai muratori; belle sono .... nuove panchine nei giardinetti pubblici, brutto è .... mancanza di segnali stradali che mette in pericolo .... bambini all'uscita di scuola. Tutto può cambiare .... brutto giorno: .... belle cose diventano brutte se non sono curate dagli uomini!!!

10. *Completare con gli articoli appropriati.*

Crema di spinaci

Ingredienti per 4 persone:

800 gr. di spinaci, 200 gr. di patate, un porro, 60 gr. di burro, 3 dl di latte, 2 dl di panna, 2 cucchiai di formaggio grana grattugiato, sale, pepe.

Lavare .... spinaci più volte in abbondante acqua fredda; scolarli e tagliarli a listarelle. Sbucciare .... patate, lavarle, tagliarle a cubetti; pulire .... porro e farlo appassire; aggiungere .... spinaci e farli rosolare. Unire .... cubetti di patate e farli insaporire mescolandoli con .... cucchiaio di legno. Versare .... latte, 3/4 di litro d'acqua, aggiungere .... sale e far cuocere per 20 minuti a fuoco moderato. Togliere .... composto dal fuoco e farlo riposare per qualche minuto. Passare .... composto di spinaci e patate al passaverdura e raccoglierlo nel tegame di cottura. Farlo scaldare, aggiungere .... panna, far bollire per due-tre minuti e togliere dal fuoco. Unire .... burro rimasto, ... formaggio, ... pizzico di pepe macinato e mescolare; versare .... crema nei piatti di portata.

11. *Completare con gli articoli appropriati.*

Insalata piccante

Ingredienti per 6 persone:

Due peperoni gialli e due peperoni rossi, un cetriolo, due cipolle, 125 gr. di olive nere, 200 gr. di pecorino, qualche rametto di timo fresco.

Preparazione:

Pulite .... peperoni, lavateli, tagliateli a pezzettini.

Affettate .... cetriolo. Sbucciate .... cipolle, affettatele.

Snocciolate .... olive. Tagliate a pezzetti .... formaggio.

Mescolate .... ingredienti in .... insalatiera, unite .... foglie di timo.

Condite con .... salsina di olio, sale e pepe oppure con .... salsa alle erbe aromatiche.

12. Completare con gli articoli appropriati.

Tra uomini

"Mia moglie è veramente straordinaria! Quando torno dal lavoro, ... sera, mi prepara .... pantofole, ... poltrona, ... giornale, mi fa trovare .... tavola pronta per .... cena e .... acqua calda".
"................. acqua calda per .... bagno?" chiede uno.
"No, non per .... bagno. .... fatto è che mia moglie sa che non mi piace lavare .... piatti con .... acqua fredda!"

13. Completare con gli articoli appropriati.

Detestabili

.... ferroviere amava moltissimo .... suo lavoro. Dopo quarant'anni di servizio, gli dispiaceva andare in pensione.
"Rimpiangerò sempre .... mio lavoro", andava dicendo. "Mi mancheranno .... colleghi, ... dirigenti, ... treni, ... stazioni".
"Scusi", gli chiese qualcuno, "Ma non c'è proprio niente che detesta in questo lavoro?"
"Oh, sì, certo", rispose. "C'è .... cosa che non mi è mai piaciuta: .... viaggiatori!"

14. Completare con gli articoli appropriati.

Quando nevicava restavamo isolati: .... neve tappava .... porta, non si riusciva ad aprirla, non si vedeva più .... sentiero per arrivare alla strada, e non si capiva più dove .... strada finiva e cominciava .... fosso. Noi bambini guardavamo .... mondo attraverso .... vetri delle finestre. .... uccelli sembravano impauriti: .... passeri saltellavano sulla neve, fermandosi a beccare tutte .... cose che non fossero bianche, e .... stormi volteggiavano sulla pianura, sparivano e ritornavano come guidati da .... ossessione.

Ferdinando Camon

15. Completare con gli articoli e i dimostrativi appropriati.

Le vacanze di Fido

Chi possiede .... cane, ... gatto e altri animali domestici si trova ad affrontare .... problema di cercare per loro .... buona sistemazione durante .... periodo delle ferie, oppure di scegliere.............. soluzione-vacanza dove anche .... animali siano accettati. Sembra semplice a dirsi ma in realtà sta diventando difficile gestire .... animale domestico al di fuori della propria casa. Accogliere o meno .... nostro animale in .... locale pubblico è in pratica .... decisione del gestore, fermo restando che .... cane deve essere tenuto al guinzaglio e con .... museruola. .... vale per .... spiagge, ... arenili, sia pubblici che privati, dove .... presenza di ....animale potrebbe urtare .... suscettibilità dei vicini di ombrellone. Scegliendo .... albergo, ... casa in affitto, ... stabilimento balneare, è meglio chiedere prima informazioni, per non trovarsi poi fuori dalla porta, insieme al nostro amico. Ovviamente certi tipi di vacanza sono molto più adatti per chi ha .... animale: .... campeggi, ... case private, ... agriturismo o .... case di campagna. In tutte .... situazioni c'è spazio e verde a sufficienza e si possono soddisfare .... esigenze primarie di ogni animale.

16. Completare con gli articoli e i dimostrativi appropriati.

Una lettera al Direttore

Diete in famiglia

Caro Direttore,

mio figlio, 22 anni, è da poco fidanzato con .... figlia di .... famoso dietologo. Senonché da quando stanno insieme .... vita in casa nostra è diventata .... inferno, per .... che riguarda .... pasti: .... no perché è troppo grasso, ... altro non va bene per via degli zuccheri, ... vino a tavola poi è .... sacrilegio. Inoltre, ... vista di .... formaggio può scatenare .... crisi isterica. Ha perfino attaccato in cucina .... menu dietetico al quale pretende che tutta .... famiglia si adegui. Per .... nostro bene, dice. E .... suoi fratelli, 13 e 16 anni, mi chiedono di preparare di nascosto .... miei manicaretti.

Elena

Certo, ... ragazzo di 22 anni si dovrebbe impegnare con uguale fervore in .... causa .... po' più nobile che preservare .... famiglia da qualche chilo in più: .... tutela dei panda, ... fame nel mondo, ... sostegno dei tossicodipendenti. Detto .... (ma a suo figlio perché qualcuno non glielo dice?) non capisco chi e che cosa dia a .... ragazzo autorevolezza di dettare lui .... menu per tutta .... famiglia. Lei capisce perfettamente che anche di fronte ai fratelli è .... ruolo che non gli spetta. Né penso che lei possa impazzire dietro ai fornelli. Quindi torni ai vecchi tempi! In cucina comanda .... mamma. Punto e basta!

adattato da Grazia

palestra italiana

comparativi e superlativi

1. Completate con la forma comparativa appropriata.

1. Il mio paese è .... tranquillo .... tuo.
2. Quella spiaggia è .... pulita, ma .... affollata dell'altra.
3. La mia moto è veloce .... la tua.
4. Suo fratello è .... intelligente di lui ma .... colto.
5. D'estate mi piace .... nuotare .... abbronzarmi.
6. Questa borsa è .... bella .... pratica.
7. Carlo è .... simpatico .... allegro.
8. Luca è .... chiacchierone .... Antonio.
9. Questo film è .... entusiasmante .... quello che abbiamo visto ieri.
10. D'inverno preferisco mangiare .... minestra .... pasta.

2. Completate con la forma comparativa appropriata.

1. L'Italia è .... fredda .... la Norvegia.
2. Il coraggio è necessario .... l'intelligenza.
3. Gianni è .... prudente .... timoroso: è .... saggio .... Luca.
4. Quella macchina è .... bella .... comoda.
5. Questo è il libro .... interessante che abbia mai letto.
6. Marco è .... intelligente .... suo fratello, ma è anche .... timido .... lui.
7. L'alcool è dannoso .... il fumo.
8. Viaggiare in macchina è .... comodo .... viaggiare in aereo.
9. Spesso il caldo è sgradevole .... il freddo.
10. In vacanza mi piace .... riposarmi .... divertirmi fino a tardi.

3. *Completate con la forma comparativa appropriata.*

1. Luca aveva il naso freddo .... il ghiaccio.
2. Ulisse era .... furbo .... una volpe.
3. Il ferro è .... utile .... rame ma è .... prezioso.
4. Dopo la partita Giulio aveva le gambe nere .... il carbone.
5. L'asino è .... docile .... cavallo ma è .... intelligente.
6. Quest'automobile non solo non è rumorosa .... quella ma è anche .... bella.
7. Questo vestito è .... caro .... quello, ma è .... bello.
8. L'acqua è utile .... il fuoco.
9. Le sue parole pesano .... macigni.
10. Quell'attrice è .... bella .... brava.

4. *Completate le "scale" con le forme comparative e superlative appropriate.*

1. Buono/a ....
2. Cattivo/a ....
3. Grande ....
4. Piccolo/a ....
5. Alto/a ....
6. Basso/a ....

5. *Completate con la forma superlativa appropriata.*

1. Questo arrosto è molto buono: è davvero ....
2. Carlo non ti ha dato un buon consiglio; anzi, il suo è stato proprio un .... consiglio.
3. Paolo è il .... di tre fratelli, Luca il ....
4. A parer mio, questo vino è .... di tutti quelli che abbiamo bevuto ieri.
5. Aiutare il proprio fratello è il .... che si possa fare.
6. Nelle periferie delle grandi città ci sono persone molto povere che vivono in condizioni ....
7. Il Papa è il capo .... della Chiesa Cattolica.
8. Carlo e Mario sono molto bravi, sono i .... alunni della classe.
9. Non ti consiglio di acquistare quell'appartamento: è in .... condizioni.

10. Il concerto di Paolo Conte è stato un bel concerto. Davvero il .... della stagione.

6. *Completare le seguenti frasi con le forme equivalenti dei comparativi e dei superlativi dati tra parentesi.*

massima · ottimo · infima · minore · pessima · massimi · minimo
superiore · migliore · inferiore

1. È un albergo di (la più bassa) .... categoria.
2. Hai fatto quel lavoro senza il (il più piccolo) .... sforzo.
3. Perché vi lamentate, avete la (la più grande) .... libertà.
4. Questo vino è (più buono) .... di quello.
5. I miei amici abitano al piano (più basso) ....
6. In quella gelateria fanno un (più buono) .... gelato.
7. Molti ragazzi hanno la (la più cattiva) .... abitudine di non cedere il posto in autobus.
8. Abbiamo incontrato il fratello (più piccolo) .... di Valentina.
9. Il Presidente ha incontrato i (i più grandi) .... esponenti dell'ONU.
10. Marcello ha una cultura (più alta di) .... a quella di Sergio.

7. *Completate il brano che segue con le forme comparative e superlative date.*

il più allegro · meno bravo · più veloce · la più bassa · il migliore · meno belli
meno interessanti · migliore · molto felici · più giovani · il più colorato
molto rigido · più eccitati · molto alta

Carri di carnevale

La temperatura è .... degli ultimi anni. L'inverno è davvero .... e il Carnevale è finalmente arrivato. In casa Marani i due figli .... stanno progettando un carro allegorico che sarà .... tra tutti gli altri carri della zona: ...., ... Il giorno della sfilata i ragazzi sono .... del solito; gli altri carri non sono certo .... e .... del loro, si preannuncia una dura battaglia. La sera della premiazione è arrivata. Si comincia come sempre dal .... per arrivare al ....

La tensione è .... Siamo arrivati al terzo classificato e ancora i due fratelli non sono stati nominati, il cuore batte sempre .... Secondo posto: sono .... , il loro lavoro è stato premiato.

8. *Completare con le forme comparative e superlative appropriate.*

Paolo Conte o Lucio Dalla?

Giorgio: Ciao Marta, che combinazione! Stavo pensando proprio a te. Ho appena preso i biglietti per il concerto di stasera.

Marta: È il regalo .... bello .... mi potessi fare. Andare a sentire Paolo Conte è sempre stato il mio sogno!

Giorgio: Questa volta sono d'accordo con te! E poi, sentire le sue canzoni dal vivo è certamente .... entusiasmante .... ascoltare i suoi dischi.

Marta: Sai, proprio ieri io e Giulia parlavamo dei nostri gusti musicali. Mi ha detto che, per lei, il cantante .... bravo è Lucio Dalla.
Lo trova .... interessante .... nostro Paolo Conte. Lo ha definito il cantautore .... completo .... tutti quelli ancora sulla breccia.

Giorgio: E tu, cosa le hai detto?

Marta: Io ho difeso il mio idolo che, come tu sai, per me è il ....! Le ho detto che la musica di Dalla è .... ricercata .... quella di Conte, forse .... orecchiabile, ma sicuramente .... sofisticata. Poi ho avuto un'idea .... bella! Le ho proposto di venire con noi al concerto.

Giorgio: È stata davvero un' .... idea. Le sarà .... facile esprimere giudizi dopo aver visto suonare e cantare Paolo Conte. E poi, ne sono sicuro, sarà .... entusiasta .... delusa della sua musica.

Marta: Appunto, è quello che le ho detto io. Speriamo bene! Tu sai com'è Giulia. È .... faticoso assecondarla .... convincerla a cambiare idea. Ma comunque non è un problema. A ciascuno il suo idolo!

palestra italiana

condizionale

1. *Completate i minidialoghi con la forma appropriata del condizionale dei verbi in parentesi.*

Al bar

Robert: Mi scusi, (volere) .... un caffè.
Barista: Subito. Ecco a Lei.
Robert: Mi (dare) .... un'altra bustina di zucchero?
Barista: Certo!

A tavola

Marta: Sandra, mi (passare) .... il sale, per piacere?
Sandra: Certo, prendi!
Marta: Mi (dare) .... anche il pepe?
Sandra: Ecco!

Al ristorante

Cameriere: Buongiorno, cosa prendono?
Luigi: (Noi - mangiare) .... volentieri del pesce.
Simona: Io (prendere) .... un piatto di frittura mista.
Luigi: Va bene anche per me.

Per strada

Turista: Scusi, (sapere) .... dirmi dov'è la fermata del 17?
Passante: (Lei - dovere) .... andare in fondo alla strada e poi girare a destra.
Turista: Grazie, arrivederla.

Al banco degli alimentari

Signora: Un etto di prosciutto crudo e due mozzarelle, per piacere.
Commesso: Va bene di Parma? O di montagna?
Signora: Di Parma. Le mozzarelle le (avere) .... di bufala? Mi piacciono di più.
Commesso: Mi dispiace ma sono finite, le troverà domani.
Signora: Me ne (potere) .... mettere da parte tre?
Commesso: Sì, va bene.

2. *Trasformate al condizionale.*

1. Signore, mi può dire dov'è via Aldo Moro?

   ....

2. Voglio un paio di pantaloni neri, per piacere.

   ....

3. Ti va un caffè?

   ....

4. Ragazzi, dovete ascoltare i consigli dei vostri genitori.

   ....

5. Ho una fame da lupo, quasi quasi mi faccio un piatto di spaghetti.

   ....

6. Lisa, mi passi il sale?

   ....

7. Signorina Marisa, può suonare ancora quel brano di Mozart?

   ....

8. Che ne dici di andare tutti insieme al cinema?

   ....

9. Signorina, posso misurare quella gonna rossa che è in vetrina?

   ....

10. Quasi quasi rimango qui per un anno, poi mi trasferisco a Roma.

    ....

11. Signora, deve stare più attenta!

    ....

12. Sto ancora un po' a letto!

    ....

13. Quasi quasi vado da Luca a studiare.

    ....

14. Lisa, ci fai un favore? Puoi comprarci il giornale?

    ....

15. Prendo l'aereo. Faccio molto prima.

    ....

16. Anna traduce volentieri questa lettera.

    ....

17. Mi prenota un posto in prima classe sul treno per Palermo delle 11.00?

    ....

18. La zia vuole venire a casa nostra per le vacanze.

    ....

19. Loro danno l'esame all'ultimo appello.

    ....

20. Bevi un'aranciata con me?

    ....

21. Ragazzi, aprite la porta, per piacere?

    ....

22. Vivo volentieri a Roma! È il mio sogno!

    ....

23. Leggo volentieri un giallo invece di studiare Diritto romano.

    ....

24. Signora, Le vanno degli spiedini di pollo o preferisce delle costolette?

    ....

25. Mi fai il piacere di abbassare il volume della musica?

    ....

3. *Completate con il tempo appropriato (presente o passato) del condizionale del verbo tra parentesi.*

1. (Tu - fare) .... meglio a prepararti, gli ospiti stanno arrivando.
2. (Scrivere) .... a Luisa, ma non avevo il suo indirizzo.
3. Mi sto annoiando, quasi quasi (andare) .... a fare due passi.
4. Paolo (dormire) .... ancora un po', ma doveva andare in ufficio.
5. Questi esercizi sono molto noiosi. Altrimenti (farne) .... ancora.
6. (Guardare) .... la TV stasera, ma sono invitata a cena.
7. (Telefonare) .... al dottore, ma mio padre mi ha detto che si sentiva meglio.
8. Per poter migliorare il vostro italiano (voi - dovere) .... leggere di più.
9. (Accompagnarlo) .... volentieri, ma avevo molti impegni.
10. (Aspettarti) .... ancora un po', ma era davvero troppo tardi.
11. Quasi quasi (io - stare) .... in casa, oggi fa molto freddo.

12. Maria (venire) .... con noi, ma i suoi genitori glielo hanno proibito.
13. (Io - mangiare) .... per cena una bella frittura di pesce e (bere) .... del vino bianco frizzante.
14. Dimostrami che (essere) .... in grado di fare da solo questo lavoro.
15. (Tu - venire) .... al cinema con me stasera?

4. *Completate con le forme appropriate del condizionale.*

Al telefono col veterinario

Sig.ra Merli: Pronto, dottore, buonasera, sono la signora Merli. So che è tardi ma mi aiuti, il mio cane si è rotto una zampa. Che cosa (dovere - io) .... fare in questo caso?

Dottore: (Dovere) .... prendere una stecca di legno, appoggiarla alla zampa e fasciare.

Sig.ra Merli: Mi dicono che (essere) .... meglio eventualmente mettere prima un po' di ghiaccio.

Dottore: No, (consigliarLe) .... di non farlo. Per prima cosa (dovere - lei) .... immobilizzare la zampa.

Sig.ra Merli: Va bene. Ma (preferire - io) .... venire domani mattina in ambulatorio.

Dottore: Sì, ma (dovere) .... venire verso le dieci. Prima sono occupato.

Sig.ra Merli: Perfetto, non (venire) .... io, però.
(Venire) .... mio marito: io non sopporto di veder soffrire gli animali.

Dottore: L'importante è che venga il suo cane! Lui (dovere) .... venire al più presto!

5. *Completate con la forma appropriata del condizionale (presente e passato).*

1. (Io - volere) .... sapere perché non mi dai mai retta!
2. (Io - prendere) .... volentieri un caffè, grazie.
3. (Lui - partire) .... con il treno delle 10.00.
4. Secondo il giornale, il sequestratore (rifiutarsi) .... di rilasciare gli ostaggi.
5. Secondo loro il professore, ieri, (impedire) .... agli studenti di uscire un'ora prima.

6. Effettivamente Miriam ha ragione. Con questi pochi soldi (tu - potere) .... comprare solo il pane e la pasta.
7. Dottore, gentilmente (prepararmi) .... la ricetta per l'analgesico?
8. Signora, (potere) .... scegliere la stoffa per il suo vestito tra questi quattro colori.
9. Signor Presti, (dovere) .... venire prima, ora l'ufficio sta chiudendo.
10. (Venire) .... volentieri con voi se ci aspettaste.

6. *Completate con la forma appropriata del condizionale (presente o passato).*

La prossima estate (piacermi) .... trascorrere le vacanze al mare. (Andarci) .... con i miei amici Lucio e Maura. Insieme (noi - potere) .... fare delle lunghe nuotate e delle piacevoli passeggiate. (Noi - mangiare) .... pesce tutti i giorni e la sera (noi - andare) .... a ballare in discoteca. Stare al mare mi piace tantissimo. E pensare che, da piccola, adoravo la montagna. Chi (dire) .... che, un giorno, (dimenticare) .... i boschi, i ruscelli, la neve... e (desiderare) .... le spiagge e le nuotate! (Volere) .... tanto che il tempo passasse in fretta così il mio desiderio (potersi) .... realizzare subito!

7. *Completate con le forme appropriate del condizionale.*

1. Se avessi tempo, (piacermi) .... dedicarmi al giardinaggio.
2. L'anno prossimo, in montagna, Mario (volere) .... frequentare un corso di sopravvivenza.
3. Salve, ragazzi, (potermi) .... indicare la strada per il Museo?
4. I genitori moderni (dovere) .... educare i propri figli al rispetto per l'ambiente.
5. Stando al bollettino meteorologico, un fronte freddo proveniente dalla Siberia (starsi) .... spostando verso occidente.
6. Secondo il nuovo progetto la linea ferroviaria non (correre) .... più parallela alla costa.
7. A quanto si sa gli operai (avere) .... intenzione di scioperare.
8. Fermo com'è nelle sue idee, Guido non (accettare) .... mai compromessi.

9. A mio marito (piacere) .... tanto visitare Palermo e Monreale.
10. Non (io - avere) .... dubbi, se fossi in te!

8. *Completate con la forma condizionale. Scegliere anche il pronome appropriato.*

Caro Marco,
purtroppo non potrò venire a trovarti la prossima settimana perché (dovere) .... avere l'esame. Io (dire) .... di veder(mi - ci - lo)......... il mese prossimo. Mio fratello invece (ne - ci) .... (raggiungere) .... la settimana dopo e insieme (potere) .... divertir(mi - ci - lo)........... un po'. (Noi-visitare) .... la tua bellissima città, (ammirare) .... i suoi monumenti e così (potere) .... farci una cultura sulle origini medievali del tuo paese. Me (lo - ne - gli) .... (stare) .... con te per tutta la vita, ma purtroppo posso prender(lo - mi)........... solo una settimana di vacanze. Ti (pregare) .... di avvisare tu Luca dei nostri progetti; (essere) .... anche lui felice di stare con noi. Di(lo - gli - ne)........... che (io - mangiare) .... volentieri gli spaghetti che solo lui sa preparare; poi lo (io - costringere) .... ad organizzare una bella festa, così (noi - potere) .... ballare, mangiare e bere. Forse è solo un sogno, ma (essere) .... bello poter(ci - ne - lo)........... realizzare.
Ti abbraccio
Marie-Reine

9. *Completate con le forme verbali adeguate.*

Caro Luis,
come stai? Spero bene. Io mi trovo in Italia da un mese, sto frequentando un corso di lingua all'Università per Stranieri di Reggio Calabria. Fra pochi giorni devo fare il test finale e poi... questo (essere) .... il mio programma: (ritornare) .... a Madrid. Arrivato a casa ti (telefonare) ...., così (potere) .... rivederci. In quest'ultimo periodo ho studiato molto, perciò (volere) .... svagarmi un po': (ritornare) .... volentieri a giocare nella mia squadra di pallavolo, (andare) .... al cinema, (fare) .... delle lunghe passeggiate per le vie della città, (trascorrere)

.... le serate a ballare in discoteca con te e gli altri nostri amici, (partecipare) .... alle gite organizzate dalla nostra Università. Luis, questi, come ti ho detto (essere) .... i miei desideri. Prima di tornare il Spagna, però, (rimanere) .... ancora un altro mese a Reggio Calabria, (fare) .... poi un giro per l'Italia, (visitare) .... Roma, Firenze, Venezia, (andare) .... in Sardegna. Purtroppo i miei genitori non vogliono, perché dicono che sono stata molto tempo fuori e mi hanno costretta a prenotare il posto sull'aereo per la prossima settimana. Che peccato non essere indipendente economicamente!

Ciao, un grande abbraccio

Linda

10. Completate le frasi partendo dal modello. Fate tutti i cambiamenti necessari.

1. Marco dice che rinvierà la partenza di due giorni.
   Marco aveva detto che avrebbe rinviato la partenza di due giorni.
2. La signora Marini dice che il figlio si laureerà entro giugno.
   ....
3. Il direttore stabilisce che le vendite inizieranno prima dell'estate.
   ....
4. I nostri amici sono d'accordo: festeggeremo la vittoria in pizzeria.
   ....
5. La mamma dice che comprerà tutto il necessario.
   ....
6. La polizia è convinta che l'omicida tornerà sul luogo del delitto.
   ....
7. Marco e i suoi amici dicono che in estate andranno in campeggio.
   ....
8. Il professore assicura che farà tutte le pratiche necessarie.
   ....
9. Maria Rita afferma che andrà a Napoli.
   ....
10. Lo studente dice che lascerà quell'appartamento e ritornerà in città.
   ....

11. *Completate con la forma appropriata del verbo in parentesi (presente o passato)*

Il prof. Smith diceva che (scrivere) ...*avrebbe scritto*... per informare il Preside della scuola "Montalbetti" della sua decisione di organizzare un gemellaggio tra gli studenti delle due scuole. (Lui - portare) .... i suoi studenti a Reggio di Calabria nel mese di marzo di quell'anno, mentre gli studenti della terza classe "C" della scuola "Montalbetti" (andare) .... a Londra nel mese di ottobre. Così (nascere) .... il gemellaggio tra le nostre due classi: una calabrese e l'altra londinese, che ancora oggi sussiste.
Noi insegnanti della "Montalbetti" (pensare) .... di intensificare i contatti già esistenti e iniziarne di nuovi con altri paesi stranieri.
A tal proposito proprio in questi giorni (pensare) .... di assegnare delle borse di studio agli studenti più meritevoli, cosicché i nostri ragazzi la prossima primavera (andare) .... in Inghilterra e (visitarne) .... i monumenti più significativi. Inoltre (avere) .... modo di migliorare il loro inglese e (conoscere) .... gli usi e le tradizioni di quel paese.

12. *Trasformate le frasi al passato. Fate tutti i cambiamenti necessari.*

1. Giorgio dice che domani andrà a teatro a vedere l'Aida.
   Giorgio ha detto che il giorno dopo sarebbe andato a teatro a vedere l'Aida.
2. Maria promette ai suoi amici che li porterà a visitare Locri, Gerace e altre località della costa ionica.
3. La coordinatrice dei corsi organizza un incontro in cui si parlerà delle tradizioni culturali calabresi.
4. Il restauratore promette che completerà il suo lavoro entro sette giorni.
5. Lucio e Marta annunciano agli amici che si sposeranno alla fine di questo mese.
6. La sorella di Federico dice che la sua mostra avrà sicuramente molto successo.
7. Il giornale dice che una squadra di sub recupererà oggi un antico veliero affondato al largo delle Isole Eolie.
8. Adriano è molto felice perché partirà per l'Olanda il mese prossimo per seguire un corso di economia internazionale.
9. Anna dice che a luglio prenderà tre giorni di ferie per andare a Venezia.
10. Gli zii di Marcello ci informano che costruiranno una grande piscina in giardino.

palestra italiana

congiuntivo

1. *Completate le frasi con le forme appropriate del congiuntivo.*

1. Vedo che stai giocando, suppongo che tu (finire) ....abbia finito........ di studiare!
2. Spero che Luca (capire) .... quello che volevo dire.
3. Oggi Teresa dovrà sostenere l'esame di diritto. Mi auguro che lo (superare) ....
4. Pensi che questa (essere) .... la strada giusta? Io, invece, ho paura che (noi - sbagliare) ....
5. Dicono che Antonio (vedere) .... la sua ragazza con un altro. Si lasceranno?
6. È opportuno che tu (telefonare) .... a Guido prima di andare a casa sua.
7. Invece di chiacchierare nel corridoio, non è meglio che (voi - seguire) .... le lezioni?
8. Non uscite senza l'ombrello. Temo che (piovere) ....
9. Francesco, sono veramente felice che tu e Maria (decidere) .... di sposarvi.
10. Lucia, non voglio assolutamente che tu (uscire) .... con Marco.
11. Penso che tu (avere) .... la febbre. Hai gli occhi lucidi e una tosse da far paura. È bene che (tu - andare) .... dal medico a farti visitare.
12. Suppongo che Franco (sapere) .... quel che dice!
13. Monica non è sicura che tutti (pagare) .... la loro quota di iscrizione.
14. Non sono certa che le ragazze d'oggi (conoscere) .... le ricette tradizionali.
15. Spero che Giulia (finire) .... gli esami di Medicina al più presto.

2. *Completate le frasi con la forma appropriata del congiuntivo dei verbi dati.*

conoscere · essere · dare · rimanere · affrettarsi · assistere · fare
giungere · dimenticarsi · rimanere · potere · essere · telefonare
essere · causare · innaffiare · darsi · dire · riuscire · essere

1. Spero che Lisa .... in tempo per la lezione.
2. Credo che voi .... l'altro giorno Mattia, il nuovo professore di lingua.
3. Nadia teme che suo figlio non .... ad andare in ferie quest'estate.
4. Credo che .... il momento di salutarci.
5. I nostri amici pensano che .... meglio raggiungere la Sicilia in aliscafo, non con la nave.
6. Penso che l'estate scorsa .... meno calda di questa.
7. È possibile che Giuseppe .... già a Marisa per la cena di stasera.
8. Ho paura che Silvio .... di avvertire Matteo che faremo tardi.
9. Voglio che tu .... tutta la verità.
10. Pare che Nicola e Fabio .... appuntamento per le 10. 00.
11. Sembra che la sua presenza .... fastidio a tutti.
12. Mi auguro che il tuo sacrificio non .... inutile.
13. È tardissimo! Voglio che tu .... a casa!
14. Sembra che la caduta di alcuni massi lungo la linea ferroviaria .... un terribile incidente.
15. Pensiamo che la biblioteca più fornita .... quella comunale.
16. È indispensabile che loro .... a presentare quei documenti in segreteria.
17. È necessario che i parenti .... quel paziente giorno e notte.
18. È possibile che Carlo .... da noi per tutta l'estate.
19. Spero che Marco .... le piante in mia assenza.
20. È difficile che tu .... trovare qualcuno disposto a seguirti.

3. *Completate la seguente lettera con le forme verbali appropriate date tra parentesi.*

Cara Luisa,
come (stare) ....?
Spero che questa mia lettera (trovarti) .... in ottima salute. Io (stare) .... bene, benché (soffrire) .... ancora per i postumi di un'influenza.
E il tuo lavoro come (andare) ....?
Malgrado tu (dirmi) .... sempre che ti (piacere) .... e ti (appassionare) ...., non (potere) .... fare a meno di preoccuparmi per te.
Viaggiare continuamente senza riposarsi mai non (essere) .... consigliabile, (esserci) .... sempre il pericolo che il fisico non (reggere) .... lo stress.
Ma non (volere) .... angosciarti, però promettimi che quando (passare) .... da queste parti, (venire) .... a trovarmi.
Non (avere) .... più notizie di Giulio.
Sebbene gli (scrivere) .... più di una volta, non mi (rispondere) .... mai. (Io - tenere) .... tanto alla sua amicizia e mi (dispiacere) .... che quel piccolo malinteso (rovinare) .... i nostri rapporti.
Adesso (terminare) .... non senza però averti fatto i miei auguri.
Che il prossimo anno (essere) .... per te pieno di soddisfazioni e che ti (regalare) .... tanta salute e serenità.
Baci
Clara

4. *Scegliete la forma verbale appropriata del verbo.*

1. È opportuno che tu *vada/sia andato* da Sabrina oggi stesso.
2. Nonostante *sia stata/sia* quasi l'una, Enrico non è ancora rientrato.
3. Verrò con te purché mi *riaccompagni/abbia riaccompagnato* prima di sera.
4. Spero che finalmente tu *trovi/abbia trovato* la serenità che cercavi.
5. Giorgio spera che i suoi colleghi l'*abbiano aiutato/aiutino* a terminare quel lavoro.
6. Benché *abbiano deciso/decidano* già, io chiederò le loro motivazioni.

7. Forse è meglio che tu *porti/abbia portato* il cane dal veterinario.
8. Dubito che il pacco ti *sia arrivato/arrivi* entro domani.
9. Vengo con la mia macchina senza che tu *debba/abbia dovuto* venire a prendermi.
10. Mi preoccupo affinché tu *abbia avuto/abbia* tutto quello che ti serve.
11. Non spedire gli inviti, è preferibile che tu li *consegni/abbia consegnato* personalmente.
12. Sebbene *sia stata/sia* molto stanca ti aiuterò lo stesso.
13. Benché *abiti/abbia abitato* vicino al mare, Lucia trascorre spesso le vacanze in montagna.
14. È possibile che il vento dell'altra notte *distrugga/abbia distrutto* tutto il raccolto.
15. Mi sembra che tutti *abbiate capito/capiate* l'esercizio.

5. *Completate con le forme verbali e poi collegate la parte A alla parte B.*

	A	B
1.	Ti procuro i testi necessari perché	gli atleti non (usare) .... sostanze stimolanti vietate.
2.	Ai campionati di ciclismo ci sono controlli attenti perché	tu (potere) .... completare la ricerca su Quasimodo
3.	È necessario prendere provvedimenti prima che	(venire) .... presentate nella forma e nei tempi stabiliti.
4.	Pensiamo che una giornata senza auto	(avere) .... problemi alle vie respiratorie.
5.	Le domande di partecipazione saranno accettate purché	i piromani (distruggere) .... completamente i nostri boschi.
6.	Purtroppo mio marito continua a fumare benché	(essere) .... come una goccia sottratta a un mare di veleno.

6. *Completate il testo con le forme verbali appropriate dei verbi tra parentesi.*

Intervista a 3 studenti.

Intervistatore: Parliamo dei giovani di oggi. Quali sono, secondo voi, i problemi più importanti della vostra generazione?

1° ragazzo: È difficile rispondere, ce ne sono tanti! Credo comunque che, al primo posto, (esserci) ....ci sia........ quello della mancanza di prospettive per il futuro. Benché gli adulti (dirci) .... in continuazione di studiare, di darci da fare per poter trovare più facilmente un'occupazione, realizzarsi nel mondo del lavoro (essere) ....è.......... sempre più difficile.

2° ragazzo: Io penso che un grosso problema (essere) .... la mancanza di comunicazione con gli adulti. (Noi - dovere) .... colloquiare di più con chi ha più esperienza di noi e perché ciò (realizzarsi) .... è necessario che (esserci)........................ tanta buona volontà, da parte nostra ma anche, ad esempio, da parte dei nostri genitori che dovrebbero dedicarci più tempo. Non credo che i miei, da giovani, da quel che ho capito, (avere) .... grandi scambi di pensiero con i loro genitori. Per questo, forse, (avere) .... difficoltà a confrontarsi con me.

3° ragazzo: Prima che (diventare) .... tutto più difficile (essere) .... comunque opportuno che anche noi giovani (mettere) .... da parte la nostra "predisposizione" a dire 'no' sempre e in ogni caso. È sacrosanto che (venirci) .... riconosciuto finalmente il diritto di manifestare le nostre idee sempre e in ogni momento, quello che (noi - pensare) ...., ma è anche vero che spesso, a priori, contestiamo quello che poi, ad un'analisi più approfondita, (rivelarsi) .... giusto.

palestra italiana

futuro

1. *Completate con il futuro.*

1. Marco (studiare) .... a Roma per un anno e poi (trasferirsi) .... in America.
2. Il mese prossimo (essere) .... il compleanno di Giulio, che cosa gli (noi - regalare) .... ?
3. Al ristorante 'Aurora' (noi - mangiare) .... sicuramente del pesce fresco e (bere) .... del buon vino bianco.
4. Chi (parlare) .... con il Rettore per la realizzazione di quel progetto?
5. Tra una settimana Carlo (cambiare) .... casa e (avere) .... uno studio più grande.
6. Oggi pago io, domani (pagare) .... voi se (volere) ....
7. Quando (io - essere) .... grande, (viaggiare) .... tanto e (visitare) .... molti paesi.
8. Per quanti giorni gli studenti (dovere) .... frequentare il seminario per essere ammessi agli esami?
9. Quando (noi - essere) .... a casa (ricordare) .... con piacere i giorni trascorsi qui in Italia.
10. (Voi - andare) .... a fare spese questo fine settimana?
11. (Venire) .... anche tu alla festa di Lucia?
12. L'estate prossima (voi - andare) .... in vacanza in Sicilia o (ritornare) .... in Sardegna?
13. Che cosa (voi - fare) .... dopo gli esami, (lavorare) .... o (prendersi) .... un periodo di riposo?
14. Quando Giulia e Valeria (venire) .... al mare, (dovere) .... portare l'abbronzante altrimenti (scottarsi) ....
15. Dopo che (noi - vedere) .... il film, (andare) .... a dormire.
16. Quando (io - finire) .... di studiare, (fare) .... una passeggiata per rilassarmi un po'!

17. Ho deciso: domani (io - prendere) .... il treno e (andare) .... a trovare Claudia a Pescara.
18. A che ora (voi - partire) .... ?
19. Alle otto (arrivare) .... Mario e (volere) .... sicuramente andare in pizzeria.
20. Mia figlia dice che, da grande, (fare) .... l'insegnante.
21. Per il mio compleanno (invitare) .... tutti gli amici in discoteca, (noi - divertirsi) .... sicuramente.
22. Quando (noi - essere) .... soli, (parlare) .... del tuo problema a quattr'occhi.
23. Chi (bere) .... tutto quel vino? Ci sono pochi adulti tra gli invitati.
24. Massimo, devi prenotare subito i posti in aereo o (perdere) .... il convegno.
25. Luca non (intendere) .... sicuramente rinunciare al suo progetto.

2. *Formulate le domande usando il presente e il futuro.*

1. Quando (finire) .... / .... le lezioni? Alle 12.40

2. Dove (tu - andare) .... / .... questa sera? A teatro.

3. Quando (voi - venire) .... / .... a trovarmi? Domani pomeriggio.

4. Quante ore (voi - studiare) .... / .... ? Tre ore, dopo pranzo.

5. Dove (voi - pranzare) .... ? Al ristorante.

6. Da chi (loro - fermarsi) .... a dormire? Da Matteo.

7. Con chi (uscire) .... Maria? Con il suo ragazzo.

8. Quando (iniziare) .... il lavoro? Alle 9.00.

9. Quando (tu - fare) .... colazione? Non ora, più tardi.

10. Chi (volere) .... cominciare? Io!!!

3. *Completate con il futuro dei verbi tra parentesi.*

Caro Marco,
come stai? Io, bene. Sono all'Università da poco, ma ho già tanti amici. Quando (arrivare) .... ? (Frequentare) .... le lezioni o (cercare) .... un lavoro ? Io alla fine del corso (partire) .... per la Spagna, (andare) .... da alcuni amici e (stare) .... con loro due mesi. Io, come (sapere) ...., sono stato sempre attratta da quel Paese meraviglioso. Le mie giornate in Spagna (essere) ....

fantastiche. (Divertirsi - io) .... tutto il giorno: (andare) .... al mare, (visitare) .... la città e (stare) .... con i miei amici. Come sempre, ogni sera (fare) .... tardi: (andare) .... al cinema o in discoteca.

Ciao

Elena

4. *Completate con il futuro dei verbi tra parentesi.*

Progetti, progetti...

A. Rafal (Polonia)

Sono a Reggio Calabria da più di un anno.

Attualmente frequento il Corso di Formazione Docenti che (concludersi) .... a fine marzo. Tornato in Polonia, (dedicarsi) .... all'insegnamento della lingua italiana.

Appena (ottenere) .... il diploma, (concedersi) .... un periodo di vacanza.

(Potere) .... così visitare alcune regioni italiane di cui ho sentito tanto parlare e le loro meravigliose città.

B. Marco (Brasile)

Prima di lasciare San Paolo mi sono detto: "Appena (arrivare) .... in Italia, (fare) .... un viaggio per conoscere Messina, la città dei miei nonni. Ma cosa (fare) .... alla fine del corso? Non so, forse (restare) .... qui, (trovarsi) .... un lavoro.

Intanto devo imparare sempre meglio la lingua e non so se (riuscirci) .... in breve tempo. Forse (restare) .... a Reggio qualche anno e poi (trasferirsi) .... al Nord.

Mia madre mi ha detto: "Quando (sentire) .... i profumi dell'Italia, quando (ammirarne) .... le bellezze naturali e (gustare) .... le bontà della sua cucina, non (volere) .... più tornare a casa!"

È difficile ammettere che i genitori hanno ragione!

5. Completate con il futuro dei verbi tra parentesi.

Domani (venire) .... lo zio dall'America. (Arrivare) .... alle 7.00 con l'aereo.
Sicuramente (portare) .... con lui la zia e i miei cugini.
Papà e mamma (andare) .... a prenderli all'aeroporto con la macchina. (Guidare) .... papà perché a mia madre non piace guidare.
Io (rimanere) .... con le sorelle a casa ed insieme (preparare) .... il pranzo e (apparecchiare) .... la tavola.
Io (dedicarsi) .... alla cucina, le sorelle alla tavola.
A pranzo (venire) .... anche i nonni che (essere) .... contenti di rivedere gli zii dopo tanto tempo. Gli zii (fermarsi) .... in Italia un mese, dopo (ritornare) .... in America e forse io (andare) .... con loro.
Che bello visitare New York! (Potere) .... così realizzare un mio vecchio sogno: vedere la "Grande Mela".

6. Completate con il futuro dei verbi in parentesi.

Le automobili (occupare) .... presto tutta l'intera area stradale della città, (intasarsi) .... nei vicoli, (ingolfarsi) .... nelle strade, (dilagare) .... nelle piazze, senza lasciare un palmo di spazio per l'ultimo pedone. Impedendosi, bloccandosi a vicenda, le macchine (formare) .... uno strato continuo, un pavimento sopraelevato e disuguale.
(Stare) .... , noi pedoni, asserragliati nelle case senza poter uscire e loro, gli automobilisti, chiusi disperatamente dentro le macchine. (Noi-stare) .... aggrappati ai davanzali delle finestre sperando invano di vedere diradarsi l'invasione, allentarsi la stretta. Invece, (aumentare) .... di minuto in minuto.
(Sopraggiungere) .... faticosamente altre macchine e, in mancanza di altro spazio, (arrampicarsi) ...., (salire) .... una sull'altra; strato sopra strato, (bloccare) .... anche le finestre degli edifici.
Dentro le case (essere) .... il buio, il puzzo della benzina, il ronzio dei motori e la morte lenta.

L. Bigiaretti, da *Carte romane*

7. *Completate con il futuro (semplice o composto) dei verbi in parentesi.*

1. "Luca, (potere) .... andare a giocare solo dopo che (finire) .... i compiti.
2. Appena (Lei-fare) .... il test finale, Le (noi-rilasciare) .... l'attestato.
3. Se le condizioni del paziente (complicarsi) ...., (bisognare) .... intervenire.
4. Non appena l'aereo (decollare) ...., i passeggeri (potere) .... slacciare le cinture di sicurezza.
5. Quei ragazzi mi hanno offeso. (Perdonarli) .... solo dopo che (chiedermi) .... scusa.
6. Ragazzi, prima (voi - tradurre) .... il brano in italiano, poi (correggerlo) .... tutti insieme.
7. Dopo che (loro-ascoltare) .... le nostre ragioni, chissà se (capire) .... che avevano torto.
8. Quando (tu-smettere) .... di scherzare, (noi-potere) .... parlare seriamente di quel problema.
9. Dopo che (io-discutere) .... la mia tesi di laurea, (fare) .... una bella festa.
10. Dopo che (tu-prepararsi) .... bene, (potere) .... sostenere l'esame e sicuramente lo (passare) ....

8. *Formate le frasi collegando l'inizio nella colonna A con il completamento in B.*

A		B	
1.	Se andrò al cinema	a.	risolverai tutto.
2.	Ti aiuterò	b.	mi prenderò un periodo di riposo.
3.	Se incontrerò Federico	c.	andranno a visitare gli Uffizi.
4.	Venite a prendere un caffè da me	d.	inviterò Elisa a venire con me.
5.	Inviterò a cena Marco	e.	se avrai bisogno di me.
6.	Se passeranno da Firenze	f.	se domani è libero.
7.	Se avrai pazienza	g.	lo saluterò per te.
8.	Se lo spettacolo sarà noioso	h.	se ne avrete voglia.
9.	Se supererò l'esame	i.	se farà bel tempo.
10.	Domani vado al mare	l.	me ne ritornerò subito a casa.

palestra italiana

imperativo

1. Completate con le forme appropriate dell'imperativo dei verbi in parentesi.

1. (Tu - aprire) .... la porta e (fare) .... uscire il gatto.
2. Bambini, (mangiare) .... tutti gli spaghetti!
3. Signora, (entrare) ...., La prego e (accomodarsi) ....
4. Marco, (non fumare) .... in casa!
5. (Tu - avere) .... un po' di coraggio, (affrontare) .... la situazione con determinazione!
6. (Lei - fare) .... attenzione alle mie parole, per favore!
7. Bambini, (non fare) .... chiasso, la nonna deve riposare!
8. Tina, (venire) .... a casa mia stasera alle otto!
9. (Tu - stare) .... lontano da casa mia! Non voglio più vederti! Capito?
10. Signorina, (pulire) .... la sua camera, (fare) .... il suo dovere!
11. (Lei - andare) .... via! E non (insistere) ....!
12. (Loro - dare) .... il loro passaporto all'impiegato!
13. (Tu - non bere) .... tutto quel vino, ti ubriacherai!
14. Mamma, per piacere, (prepararmi) .... qualcosa da mangiare. Muoio di fame!
15. Ragazzi, (non prendere) .... quel treno! Non arriverete in tempo!
16. Signora, non (insistere) ....! Sono prezzi fissi!
17. Lucia, (correggere) .... gli errori che hai fatto! Sei capace?
18. Ragazzi, (dire) .... la verità!
19. Mario, (studiare) .... un po' di più, rischi di essere bocciato!
20. Marisa, (andare) .... a trovare la zia perché sta male!

2. *Completate con i verbi all'imperativo.*

1. (Tu - scrivere) .... il nome e il cognome sulla busta.
2. Ragazzi, (non - mangiare) .... sempre caramelle, fanno male ai denti!
3. Signor Milani, (andare) .... nella stanza del direttore e (portargli) .... tutti i documenti che ha chiesto.
4. (Tu - non togliersi) .... l'anello, potresti perderlo.
5. Per vincere la sete (tu - bere) .... acqua minerale con una fetta di limone.
6. (Noi - aprire) .... la finestra, c'è aria viziata.
7. Per cortesia (Lei - dire) .... alla sua collega di scrivere la relazione entro oggi.
8. (Voi - tradurre) .... questa frase nella vostra lingua.
9. (Tu - mettere) .... il registro nel cassetto, (chiudere) .... la porta e (andare) .... a casa.
10. (Voi - non guardare) .... solo gli aspetti negativi della vita! (Essere) .... ottimisti!

3. *Completate con i verbi all'imperativo.*

1. (Lei - andare) .... dal preside e gli (ricordare) .... di fissare l'orario definitivo.
2. Se vuoi diventare un bravo attore (impegnarsi) .... nello studio!
3. Giulio, (tu - mettere) .... da parte dei soldi per spese inaspettate!
4. Signorina, (citare) .... in bibliografia gli autori da cui ha tratto i riferimenti!
5. Se volete educare i giovani alla legalità, (voi - rispettate) .... le leggi voi per primi!
6. (Voi - prendere) .... come contorno un'insalata mista! È fresca e molto buona!
7. (Tu - avere) .... fiducia nella scienza!
8. (Noi - mettere) .... in scena una commedia di Goldoni. Ci divertiremo senz'altro.
9. Per la visita oculistica (Lei - venire) .... martedì prossimo alle 18.
10. Mi raccomando, (tu - non mancare) .... alla riunione di stasera: ci saranno tutti!

4. *Completate il seguente dialogo con le forme dell'imperativo.*

Sandro e Anna sono al ristorante.

Cameriere: Buongiorno, signori. (Accomodarsi) ....

Sandro: Buongiorno, vorremmo un tavolo vicino al caminetto, è possibile?

Cameriere: Certamente! (Seguirmi) ....

Anna: Che meraviglia! Questo ristorante è proprio raffinato. Quali sono le sue specialità?

Sandro: Preparano dell'ottimo pesce fresco ma i gustosi piatti di carne non sono male.

Anna: Tu cosa mi consigli?

Sandro: Come primo (prendere) .... una zuppa di pesce, è ottima. Per secondo, (scegliere) .... frittura mista o dentice arrosto. (Assaggiare) .... anche le seppie ripiene, non te ne pentirai.

Anna: Mi sembra un po' troppo. Va bene la zuppa di pesce. Poi vedremo...

Sandro: Comunque (scegliere) .... bene! Vino bianco? Cameriere, cosa mi consiglia?

Cameriere: (Prendere) .... del Pinot Grigio; (credermi) .... con il pesce è l'ideale.

Sandro: Bene, allora (portarci) .... le due zuppe, per piacere. Il resto lo ordineremo dopo.

Cameriere: Bene, signore. Come dolce, (prendere) .... una mousse di cioccolato con panna. È la nostra specialità.

5. *Trasformate il seguente dialogo dal "tu" al "Lei".*

Lui: Ecco! Lo sapevo! Hai rotto la pipa più bella della mia collezione.
Sta' attenta quando spolveri! Presta più attenzione a quello che fai!

Lei: Finiscila con queste pipe! Tu ami più le pipe degli esseri umani!
Allora spolverale tu e lasciami in pace!

Lui: Come osi? Ti licenzio! Vai via immediatamente!

6. *Coniugate i verbi con la forma informale dell'imperativo (2ª persona plurale).*

Una ricetta

Calzoni

Ingredienti:

1 cipolla; 500 gr. di pomodori maturi; 1 scatola di tonno; 250 gr. di mozzarella; 50 gr. di capperi; olio e sale.

Pulire e tritare la cipolla. Scottare per 30 secondi i pomodori in acqua bollente (per eliminare facilmente la buccia) e quindi pelarli e togliere i semi.
Scolare il tonno dall'olio e tagliare la mozzarella a dadini. In una ciotola mescolare tutti gli ingredienti, scolare bene i capperi, sminuzzare le olive e le foglioline di basilico e aggiungerli al composto.
Dividere la pasta per pizza in 4 parti, farne delle palle, infarinarle e con il palmo della mano prima e con il mattarello poi appiattirle fino ad ottenere la forma di un piatto da frutta.
Disporre un quarto del ripieno su ciascun disco, ripiegare la pasta e chiudere i bordi premendoli bene l'uno contro l'altro.
Cuocere i 4 calzoni in forno preriscaldato (220°) per 15 minuti.

7. *Coniugate i verbi all'imperativo nella forma del "Lei".*

Pollo con i peperoni

Ingredienti (per 4 persone):

un pollo di circa un kg; un kg di peperoni rossi e verdi; due cipolle; 500 gr. di passato di pomodoro; 5 cucchiai d'olio extravergine d'oliva; sale; pepe.

(Fare) .... scaldare l'olio in una padella capiente, (unirvi) .... il pollo a pezzi e (farlo) .... rosolare.
(Cuocerlo) .... a fuoco lento per circa mezz'ora, aggiungendo, se necessario, qualche cucchiaio d'acqua calda.
(Tritare) .... le cipolle, (tagliare) .... i peperoni a listelli e, a metà cottura, (unire) .... il tutto alla carne; (regolare) .... di sale e pepe, (aggiungere) .... il passato di pomodoro, (mettere) .... il coperchio e (portare) .... a cottura.
(Servire) .... caldo.

8. *Trasformate i seguenti suggerimenti adoperando l'imperativo nella forma del "tu" e del "Lei".*

Per risparmiare

1. Fate riparare subito i rubinetti che gocciolano anche poco.
2. Raccogliete l'acqua piovana durante i temporali.
3. Utilizzate forno, lavatrice e lavastoviglie solo dopo le cinque del pomeriggio.
4. Guardate la televisione al buio.
5. D'estate per le cene in terrazza riscoprite la suggestione della luce di candela.
6. Evitate che i panni si asciughino in lavatrice. Stendete tutto con cura.
7. Non gettate i resti del sapone, ma metteteli in lavatrice direttamente insieme al bucato.
8. Lasciate cadere qualche goccia di detersivo su di una spugna bagnata anziché nella vaschetta del lavandino.
9. Conservate l'acqua in cui avete lessate le verdure e utilizzatela come base per le minestre.
10. Sgocciolate sempre tonno, sardine e salmone in scatola, ma conservate sempre l'olio. Provate a condire con questo la pappa del cane e del gatto.

9. *Completate con la forma dell'imperativo dei verbi tra parentesi.*

1. Ragazzi, (passare a me) .... il cestino del pane, per piacere!
2. Anna, (comprare per me) .... il giornale, per favore!
3. Gianna, se incontri Roberto, non (dire a lui) .... niente di ciò che è successo!
4. Sandra, quando senti Maria (chiedere a lei) .... se oggi va dal medico.
5. Lucia, (telefonare) .... a Sabrina, (tu - telefonare a lei) .... al più presto! È importante che lei sappia la verità.
6. Ragionier Tofi, (chiamare) .... la signorina Guidi. Subito, prima che esca!
7. Luca, (parlare) .... con Monica e (dire a lei) .... la verità se non la vuoi perdere.
8. Manuele, se vuoi il numero di telefono di Lara, (chiedere il numero a lei) ....!

9. (Lei-fare a me) .... sapere se va a trovare l'ingegner Verdi stasera o domani.
10. Chiara, (prendere) .... la valigia e (mettere la valigia) .... qui!
11. Lia, se esci, (fare a me) .... un favore, (comprare per me) .... il latte.
12. Caro mio, questa volta (ascoltare me) .... e (non fare) .... sempre di testa tua!
13. Manuela, (scrivere) .... a Luigi, (scrivere a lui) .... oggi stesso.
14. Se la segretaria ti chiede il curriculum, (dare il curriculum a lei) .... subito.
15. Lei, signore, (non venire) .... a raccontarmi frottole. (Non pensare) .... che io sia tanto ingenua!

10. Completate con la forma dell'imperativo dei verbi tra parentesi.

1. Rita, (sbrigarsi) .... a vestirti, altrimenti facciamo tardi.
2. Signora, Siviglia è una città bellissima, (andarci) .... non se ne pentirà!
3. (Non preoccuparsi) ...., signora, se arriverò in ritardo, c'è sciopero dei treni.
4. Signorina, (dire a noi) .... dove ha messo le chiavi, per favore!
5. (Tu - non metterci) .... lo zucchero nel mio caffè, lo preferisco amaro.
6. Ti prego, Angela, (farlo) .... per me.
7. Non ti sopporto più: (andarsene) .... e (non farsi) .... più vedere!
8. Tiziana ha dimenticato le sue fotocopie a casa. (Andarci) .... tu a prenderle!
9. Tu (non prendersela) ....! Un'altra volta andrà meglio!
10. (Voi - fare) ....! le cose con calma. (Metterci) .... tutto il tempo necessario.

11. Trasformate le frasi che seguono nella forma formale (Lei) facendo tutti i cambiamenti necessari.

1. Quando ritorni non ti scordare di riportarmi l'elenco telefonico che ti ho prestato.
   ....
2. Se vai a Roma per quel concorso, unisci l'utile al dilettevole e vai a visitare i Musei Capitolini.
   ....
3. Non essere così cerimonioso!
   ....
4. Se sei davvero stanco, spegni la TV e va' a letto!
   ....
5. Non badare a spese, compra quei pantaloni anche se costano molto. Sono bellissimi!
   ....
6. Ammetti anche tu che in quella circostanza ti sei comportato male!
   ....
7. Non rinnegare il tuo credo, segui il tuo istinto, non te ne pentirai!
   ....
8. Non forzare la sorte, accontentati di quello che hai!
   ....
9. Attua pure il tuo progetto, ma calcolane bene i rischi e i costi!
   ....
10. Quando scrivi, metti sempre tra virgolette le parole altrui!
   ....

12. Completate con la forma appropriata dell'imperativo dei verbi tra parentesi.

Calabria dentro

C'è un posto dove la vita ti passa accanto, silenziosa, ti sfiora ma non la senti. È il posto dove cresce l'autenticità, fatto di terra, acqua e aria, tutta natura a misura tua.
Se cerchi la verità (alzare) .... lo sguardo e, dalla spiaggia, vedrai pacifiche colline di ulivi che ti aspettano discrete.
(Raggiungerle) ...., ma (non cercare) .... alberghi o ristoranti di lusso, non ne troverai. (Parlare) .... con le

persone, (dire) .... che vuoi conoscere quella terra e scoprirai un mondo meraviglioso fatto di amore e di semplicità.
(Mangiare) .... pane, olive e pomodori, un pezzo di formaggio se c'è o una cipolla e (bere) .... un bicchiere di vino.
(Farsi) .... accompagnare dalla ricotta fresca, (sedersi) .... in terra e (respirare) ....
(Gustarsi) .... i profumi, (chiudere) .... gli occhi e (ascoltare) .... i versi antichi di contadini poeti.
Poi (tornare) .... indietro e, se ci riesci, (non lasciare) .... là neanche il più piccolo pezzetto di cuore.

adattato da *Il ponte di carta*

palestra italiana

indefiniti e quantificatori

1. *Completate con le forme indefinite appropriate.*

1. Ho .... paura di non riuscire a superare l'esame.
2. In .... situazioni non c'è proprio .... da fare.
3. Lo conoscono ....! È un attore famoso.
4. In .... casi è meglio stare zitti.
5. In questo periodo ho .... problemi, non so proprio come fare!
6. Sono entrata in .... negozi, ma non ho trovato .... di buono.
7. Chissà se troverai .... disposto ad aiutarti.
8. In questo corso ci sono .... studenti giordani.
9. Sono offeso! Non è venuto .... di voi all'inaugurazione della mia mostra.
10. Ci sono .... esercizi facili, ... difficili.
11. In questa casa non c'è .... comodità.
12. .... dei nostri studenti parlano bene la lingua italiana.
13. .... persone sono ritardatarie, ... puntuali.
14. Purtroppo non posso venire al cinema stasera, ho .... cose da fare.
15. Ho letto solo .... pagine di quel libro, non posso ancora esprimere un giudizio.

2. *Completate con le forme indefinite appropriate.*

1. Non ha fatto niente di speciale, ..., al suo posto, avrebbe potuto farcela.
2. .... mi ha fatto un brutto scherzo.
3. Allora, siamo d'accordo, ... di voi dirà ciò che ha visto.
4. .... dei nostri colleghi incontri alla festa, salutamelo.
5. C'è .... che posso fare per Lei?
6. .... cosa ti occorra, chiamaci.
7. Ho visto e rivisto .... film di Fellini, il regista da me più amato.
8. Che caratteraccio! Si adombra per .... cosa!
9. Mettete in ordine! .... cosa al suo posto!
10. .... mi ha telefonato ma non ho fatto in tempo a rispondere.

3. *Completate con i quantificatori o indefiniti appropriati.*

1. .... le volte che passo da Roma vado a trovare Giorgio.
2. Ho speso .... i soldi che avevo per comprare un computer nuovo.
3. .... le decisioni si prendono dopo attenta riflessione.
4. A pranzo ho mangiato .... e ora non ho fame.
5. .... di noi ha idee diverse, che comunque vanno rispettate.
6. .... dicono che la vita è bella, invece spesso sono infelici.
7. Bisogna aiutarsi gli .... con gli ....
8. .... volta che bevo il caffè divento nervoso.
9. Mia moglie non è una donna .... È proprio speciale!
10. Oggi vorrei mangiare .... di particolare.
11. Nella sua vita non ha mai fatto .... di buono.
12. Non c'è .... da fare, non riesco a capire il tuo comportamento.
13. Ho lavorato .... ma non sono ancora stanco.
14. Nel tempo libero .... volta vado al concerto.
15. .... dieta tu decida di fare non dimagrirai di un grammo se non sei costante.

4. *Scegliere in ciascuna frase l'indefinito o quantificatore appropriato.*

1. Non posso comprare i libri, mi sono rimasti *molti/pochi* soldi.
2. *Ogni/Nessun* alunno dovrà fare gli esercizi assegnati.
3. Vado a letto, ho *poco/tanto* sonno.
4. Sono stanco, non ho *nessuna/tanta* voglia di uscire.
5. Oggi non posso venire con te, ho ancora *poche/alcune* cose da fare.
6. Ieri alla stazione c'era *tanta/poca* confusione; *parecchie/alcune* persone infatti partivano per le vacanze.
7. *Qualche/Una* volta, nelle sere d'inverno, mi sento un po' triste.
8. Gli animali non richiedono *alcun/qualche* sacrificio, solo un po' d'affetto.
9. Marco è un ragazzo straordinario, *qualsiasi/qualche* persona sarebbe felice di essere sua amica.
10. Che brutto futuro avremo! Ci sono *troppi/pochi* segnali positivi!

5. Riscrivete le frasi tenendo conto dei suggerimenti tra parentesi e facendo tutti i cambiamenti necessari.

1. Quest'anno andrò in vacanza con qualche amico. (amici)

2. Alcune persone hanno detto che voi vi eravate offesi. (persona)

3. Alcune volte il suo comportamento mi dà sui nervi. (volta)

4. Se vai a Stoccolma ti do qualche informazione sui luoghi più interessanti da visitare. (informazioni)

5. Marta è veramente triste: solo qualche amico si è ricordato del suo compleanno. (amici)

6. Il mio zaino non è pesante, ci sono solo un libro e qualche quaderno. (libri / quaderni)

7. Alla festa di Martina ho mangiato pochissimo e bevuto solo alcuni bicchieri di aranciata. (bicchiere)

8. Devo correre subito all'ufficio postale, ho una lettera da spedire. (lettere)

9. La spiaggia era deserta, c'erano solo alcuni bambini che giocavano a palla. (bambino)

10. Al loro matrimonio Lucia e Daniele hanno invitato solo i parenti e alcuni amici. (amico)

6. *Completate con gli indefiniti e i quantificatori appropriati. Poi riscrivete la lettera tenendo conto dell'intestazione e facendo tutti i cambiamenti necessari.*

Cara Luisa,
sono felice di scriverti questa lettera perché .... volta che guardo le tue foto ricordo i giorni trascorsi insieme. Ricordi? .... giorno andavamo a giocare a tennis con .... tuoi amici e ci divertivamo ....
.... le volte che esco a fare spese in città mi ricordo di quando, insieme a te, facevo lunghe passeggiate sul Corso Garibaldi. Entravamo in .... gelateria per mangiare coni giganteschi con .... noccioline e una montagna di panna.
Mi ricordo .... volte in cui andavamo al cinema per vedere .... film. Tu sei proprio speciale! Non ho mai incontrato .... altra persona come te, così simpatica e piena di vita.
Penso anche tu non dimenticherai facilmente il tempo trascorso insieme.
È bello condividere .... parte dei nostri ricordi!
Ti saluto affettuosamente, con la speranza di ripetere una bella vacanza.
Tua Anna

Gentile Signora Luisa,

....

....

....

....

....

....

....

....

....

....

....

....

....

....

7. *Completate con gli indefiniti e i quantificatori appropriati.*

A .... anni dalla morte di Alberto Moravia, Enzo Siciliano ne ha riunito i racconti inediti, dispersi o dimenticati: una settantina di titoli, quasi .... di rilevante interesse.

Moravia è stato soprattutto romanziere, interprete del nostro tempo dotato di un'acutezza che solo .... dei suoi contemporanei hanno posseduto.

Ma dove forse Moravia dava il meglio di se stesso era nei racconti.

Il suo estro lo portava alla creazione di personaggi credibili anche se .... volta di forzata originalità.

Realtà e fantasia si alternano con estrema naturalezza in un gioco la cui scommessa è quella di essere creduti.

Come nel primo racconto, che dà il titolo al libro, costruito con .... l'abilità di cui lo scrittore disponeva, tutti i racconti di Moravia rappresentano quanto di più bello abbia avuto la letteratura italiana nel Novecento e .... di essi si trovano in questa raccolta.

All'instancabile scrittore è mancato purtroppo il riconoscimento del premio Nobel.

Donna moderna

indicativo presente

1. *Completate con i verbi* essere *o* avere *al presente indicativo.*

1. (Tu) .... una macchina fotografica bellissima.
2. Tom e Lia .... diciotto anni.
3. Cristina .... dal dentista.
4. (Loro) .... un grande giardino con tanti fiori.
5. Liz .... in ritardo come al solito.
6. La luce .... spenta.
7. La porta .... chiusa.
8. Maria .... solo un quaderno a righe.
9. (Noi) .... una bella casa in campagna.
10. Marco .... sete.
11. Luigi .... un computer nuovo.
12. L'orologio .... fermo.
13. La sera mio fratello .... sempre sonno.
14. Enrica .... una borsa marrone nuova.
15. Luciano e Alice .... sempre puntuali.
16. Il tavolo .... rotondo.
17. Lisa ed io .... fame.
18. Alice .... simpatica.
19. Tina .... mal di testa.
20. (Tu) .... un bravo pilota.
21. Livio e Gianni .... sempre stanchi.
22. Anna ed io .... molto amiche.
23. Le finestre della mia stanza .... aperte.
24. Quella signora .... un'attrice famosa.
25. Susanna .... una ragazza sempre allegra.

2. *Completate con c'è, ci sono.*

1. Nella tua borsa che cosa ....? E nello zaino?
   Nella borsa .... soltanto un libro, ma nello zaino ....
   le penne e i quaderni.
2. Nella tua camera che cosa ....?
   .... due letti, un comodino, un armadio e... tanto disordine!
3. Che cosa .... nel tuo quartiere?
   .... molti negozi, ma .... soltanto una farmacia, un ufficio postale e una banca.
4. Che cosa .... nel giardino?
   .... molte piante. E .... pure un grande gazebo.
5. Nel piatto che cosa ....?
   .... spaghetti al pomodoro.

3. *Rispondete alle domande con* c'è *o* ci sono.

1. Che cosa c'è nel garage? (la macchina e il motorino)
   ....
2. Che cosa c'è sul banco? (un libro)
   ....
3. Che cosa c'è nel vaso? (i fiori)
   ....
4. Che cosa c'è in cucina? (il frigo e la lavapiatti)
   ....
5. Che cosa c'è nella borsa? (le chiavi e la carta di credito)
   ....
6. Che cosa c'è in quella vetrina? (vestiti sportivi)
   ....
7. Che cosa c'è nell'aula? (la lavagna)
   ....
8. Che cosa c'è nel cassetto? (fogli e buste)
   ....
9. Che cosa c'è sulla parete? (una cartina geografica)
   ....
10. Cosa c'è sul tavolo? (una bottiglia vuota)
    ....

4. *Completate con il verbo* essere.

Elena .... insegnante all'Università per Stranieri. .... insegnante di lingua italiana. .... italiana. .... di Roma. .... molto brava e paziente. Anche Anna .... insegnante di lingua italiana. Lei .... molto preparata. Il suo corso di alta cultura .... seguito da molti studenti. Elena e Anna .... colleghe, ma .... anche molto amiche.

.... contente di insegnare e di conoscere studenti di nazionalità e culture diverse.

5. *Volgete al plurale, facendo tutti i cambiamenti necessari.*

1.	(Io) sono alta e bionda.	*Noi siamo alte e bionde.* ....
2.	Sei ingegnere?	....
3.	Lui è argentino, io polacco.	....
4.	La macchina è vecchia.	....
5.	Il faro è spento.	....
6.	Mio fratello è basso e grasso.	....
7.	Lei è contenta.	....
8.	È comoda la sedia?	....
9.	La zia di Renata è in Romania.	....
10.	Io sono di Roma e tu?	....
11.	Lui è antipatico.	....
12.	Il bicchiere è sporco.	....
13.	La stanza è buia.	....
14.	La finestra della nostra aula è aperta.	....
15.	La scuola è chiusa in estate.	....

6. *Volgete il brano al plurale.*

Gianfranco passeggia sul Corso Garibaldi e vede in terra un portafoglio. Lo prende: dentro ci sono tanti soldi; decide di portarlo alla polizia. Per questo viene premiato: può tenere una parte dei soldi.

Gianfranco e Luciana ...

7. *Completare con i verbi tra parentesi al presente*

1. Gli studenti (studiare) .... la lingua italiana con passione.
2. Maria (scrivere) .... una cartolina ai suoi amici.
3. (Io - bere) .... un bicchiere di vino tutti i giorni, a pranzo.
4. Claudio (vivere) .... a Roma.
5. (Loro - lavorare) .... in banca da molti anni.
6. (Noi - partire) .... per Milano alle 8.00 precise.
7. (Io - uscire) .... a fare un giro in macchina con i miei amici.
8. Marisa e Giorgia (rientrare) .... dal lavoro ogni sera alle 19.00.
9. Tua sorella (volere) .... venire al mare con noi?
10. (Tu - potere) .... prenotare un posto al ristorante per stasera?
11. (Io - andare) .... tutti i giorni all'Università.
12. (Noi - capire) .... bene la lingua italiana perché la studiamo da tre anni.
13. Oggi (essere) .... una brutta giornata. (Fare) .... molto freddo.
14. Dottor Santi, per andare in ufficio (prendere) .... sempre il treno?
15. (Tu - dimenticare) .... sempre le mie parole!
16. (Voi - dovere) .... pagare l'albergo in anticipo.
17. (Loro - cenare) .... di solito alle 20.00.
18. I giovani (sapere) .... bene come comportarsi.
19. (Io - vedere) .... il telegiornale tutte le sere.
20. Signora, (potere) .... darmi cinque scatole di fiammiferi?

8. *Volgete il brano al plurale. Fate solo i cambiamenti necessari.*

Veronica deve prepararsi per il test finale. Prende i libri e gli appunti e si chiude nella sua camera. Dopo due ore decide di andare dalla sua compagna di corso, Alice, per continuare a studiare con lei. Prende il cappotto ed esce. A casa di Alice le ragazze si mettono subito a studiare. Possono farlo per poco però, perché arriva un amico che le invita ad andare al cinema con lui.

Veronica e Vanessa...

9. *Volgete il verbo al plurale. Fate solo i cambiamenti necessari.*

1. Ha un vestito molto elegante.
2. Ho una borsa blu.
3. L'orologio è rotto.
4. Lui non ha l'ombrello ma io sì.
5. Lo studente non ha il dizionario.
6. Hai una rivista?
7. La bicicletta è vecchia.
8. Il pennarello è nero.
9. Lei ha un amico sincero.
10. Lo scaffale è pieno di libri.
11. Questo ragazzo ha gli occhi verdi.
12. La chiave è sul tavolo.
13. Hai il vestito strappato.
14. Lo studente è in classe.
15. Ho molta fretta.

10. *Volgete il brano alla 3ª persona singolare.*

Ho due nuovi amici, due cuccioli di pastore tedesco. Sono molto contento perché amo molto gli animali. Ho anche un gatto, una tartaruga e un pesciolino. Quando sono triste, gioco un po' con loro e sono subito più sereno.

Mario...

11. *Completate con il presente indicativo dei verbi in parentesi.*

(Io - chiamarsi) .... Baker, (io-avere) .... 20 anni (essere) .... uno studente giordano, (frequentare) .... il corso elementare presso l'Università per Stranieri di Reggio Calabria e (abitare) .... in centro con altri studenti giordani. Tutte le mattine (svegliarsi) .... alle sette, (alzarsi) .... e (prepararsi) .... un'abbondante colazione. Poi (lavarsi) ...., (vestirsi) ...., (pettinarsi) .... ed (uscire) .... Mentre (aspettare) .... l'autobus, (parlare) ....

in italiano con altri studenti. Poi (arrivare) .... all'Università. Alla fine delle lezioni (ritornare) .... a casa, (preparare) .... il pranzo e (riposarsi) .... un po'. Alle 5 (studiare) .... per qualche ora, (ripassare) .... la lezione e, quando (essere) .... stanco, (fare) .... una passeggiata. La sera (guardare) .... la televisione, così (imparare) .... meglio l'italiano. Spesso però, (addormentarsi) ....!

12. Completate il brano al presente indicativo.

(Io - essere) .... a Roma in vacanza. (Divertirsi) .... tanto! Ogni giorno (andare) .... in giro per la città. (Vedere) .... tante cose interessanti. (Visitare) .... i musei, (passeggiare) .... per Villa Borghese e (guardare) .... i bellissimi palazzi e le chiese stupende. (Apprezzare) .... molto anche la cucina, non (fare) .... altro che mangiare: (conoscere) .... ogni giorno tante nuove ricette.

13. Volgete i verbi alla prima persona plurale.

Ho quattro biglietti per il cinema e invito due studenti del corso a venire con me. Ho appuntamento con loro per le 19.00 in centro davanti al bar Ausonia. Decido di prendere l'autobus. Sono alla fermata, guardo l'orologio, sono già le 18.30 e l'autobus non passa. Sono molto nervoso: ho i biglietti in tasca, ma sono molto lontano dal centro. Sono quasi le 19.00, cosa devo fare? Ho un'idea: fermo una macchina e chiedo al conducente se va in città. Sono fortunato perché quel signore va anche lui in centro. Arrivo all'appuntamento alle 19.15, sono in ritardo solo di un quarto d'ora. Che fortuna!

Luca ed io...

14. Completate il dialogo con il presente indicativo dei verbi in parentesi.

Alla stazione di Torino

Viaggiatore: Buongiorno, vorrei un'informazione. (Esserci) .... un treno per Roma, che (arrivare) .... stasera anche tardi? (Io - dovere) .... essere lì domani mattina alle 9.00.

Impiegato: (Essere) .... spiacente, ma i posti sui treni per Roma che (arrivare)

.... in giornata (essere) .... tutti esauriti.
(Potere) .... prenotare una cuccetta sul treno delle 21,40 o, se (volere) ...., prendere il vagone letto delle 22,05.

Viaggiatore: Se non (esserci) .... altre possibilità, (andare) .... bene, (prendere) .... la cuccetta. Quanto (costare) ....?

Impiegato: Allora, il biglietto di 2ª classe più la cuccetta, (fare) .... 80 euro.

Viaggiatore: Ecco qui, grazie!

Impiegato: Buon viaggio!

15. Completate con l'indicativo presente dei verbi in parentesi.

Ogni mattina, alle 8.55, (lui - uscire) .... con la giacca a doppio petto tutta abbottonata, il cappello calcato in testa. (Camminare) .... diritto e senza distrazioni fino al portone dell'ufficio, dove (entrare) .... alle nove in punto. (Attraversare) .... l'anticamera, (passare) .... davanti ai tre sportelli per il pubblico, (spingere) .... la porta a vetri con una mano togliendosi con l'altra il cappello, (salutare) .... i colleghi e (andare) .... a prendere posto al suo tavolo. Appena seduto (aprire) .... un registro, poi (accendersi) .... la prima sigaretta e (incominciare) .... a lavorare lento e preciso.

Piero Chiara, *La spartizione*

16. Completate con il presente indicativo dei verbi in parentesi.

1. Mio padre (svegliarsi) .... sempre alle sette. (Alzarsi) .... (farsi) .... la barba, (vestirsi) .... ed (uscire) ....
2. Paolo e Maria (sposarsi) .... fra una settimana.
3. Piero e Rita (conoscersi) .... da molto tempo.
4. Oggi non (io - potere - riposarsi) ...., (dovere) .... fare molte cose.
5. La domenica (noi - alzarsi) .... tardi.
6. (Tu - dimenticarsi) .... sempre di telefonare a tua madre.
7. Luca (laurearsi) .... questo pomeriggio.
8. (Noi - vedersi) .... al cinema alle 9.00. D'accordo?

9. Con i miei amici (divertirsi) .... sempre tanto.
10. (Io - annoiarsi) .... a fare sempre le stesse cose.
11. A scuola (io - sedersi) .... all'ultimo banco.
12. Lisa e Lucio (incontrarsi) .... spesso in centro.
13. Rita (truccarsi) .... sempre molto bene.
14. Gisella (arrabbiarsi) .... sempre con me.
15. Nel pomeriggio la nonna (riposarsi) .... sempre un po'.

17. Completate con il presente indicativo dei verbi in parentesi.

1. In primavera gli alberi (vestirsi) .... di tanti colori.
2. Il mio insegnante di matematica (candidarsi) .... alle prossime elezioni.
3. Quest'opera (articolarsi) .... in diversi volumi e videocassette.
4. Prima di andare a scuola, Luca (fermarsi) .... al bar a fare colazione.
5. Tutte le sere, Marta e Paola (incontrarsi) .... alla fermata dell'autobus.
6. Francesco soffre d'insonnia: ogni notte (svegliarsi) .... verso le due e non (riaddormentarsi) .... più.
7. Io e il mio ragazzo (telefonarsi) .... tre volte al giorno.
8. Mio figlio (incuriosirsi) .... molto tutte le volte che (guardare) .... documentari sugli animali.
9. (Io - truccarsi) .... pochissimo.
10. Ora (noi - concedersi) .... una breve pausa!

18. Volgete alla 3ª persona singolare. Fate solo i cambiamenti necessari.

La porta dell'appartamento è aperta, entro silenziosamente, sono curioso, voglio scoprire da dove provengono quei rumori strani e continui: tic, tac, tic, tac. Percorro il corridoio, vado avanti, mi faccio coraggio ed entro nella camera da letto che è semibuia. Sento il cuore che batte forte, mi avvicino sempre più al rumore. Arrivo al comodino, allungo la mano istintivamente e sento un oggetto freddo, metallico. Sarà una bomba? Ora ricordo: è solo la vecchia sveglia. Tiro un sospiro di sollievo!

La porta dell'appartamento è aperta, Vittorio ...

19. *Completate con il presente indicativo del verbo in parentesi.*

La fabbrica (produrre) .... stoffe.
(Mandare) .... un odore che (riempire) .... le strade del paese, e quando (esserci) .... scirocco (arrivare) .... quasi fino alla nostra casa, che pure (essere) .... in aperta campagna. (Essere) .... un odore a volte come di uova fradice, a volte come di latte quagliato. Non (esserci) .... rimedio, (essere) .... per via di certi acidi che (loro - adoperare) ....
I padroni della fabbrica (essere) .... i De Francisci. Il vecchio De Francisci lo (loro - chiamare) .... il vecchio Balotta, (essere) .... piccolo e grasso, con una gran pancia tonda che gli (scoppiare) .... fuori dai calzoni, e (avere) .... grossi baffi spioventi ingialliti dal sigaro, che (mordere) .... e (succhiare) ....

Natalia Ginzburg

20. *Completate con il presente indicativo e poi fate le relative domande.*

1. Dove vai se hai mal di denti ?
   Se ho mal di denti (andare) vado................ dal dentista.
2. Che cosa ....?
   Se sono libero, (venire) .... a trovarti.
3. Chi ....?
   Se la stampante non funziona, (chiamare) .... il tecnico.
4. Dove ....?
   Se la macchina non funziona la (portare) .... dal meccanico.
5. Chi ....?
   Se il rubinetto gocciola, (chiamare) .... subito l'idraulico.

palestra italiana

lessico

1. *Trovate la parola fuori posto nei seguenti gruppi e motivate la scelta.*

treno	bagno	libro	forchetta
nave	corridoio	letto	bicchiere
taxi	cucina	gomma	borsa
aereo	salone	quaderno	piatti
macchina	divano	foglio	tazza
fiore	soggiorno	penna	cucchiaio

zio	pantaloni	bar	fichi
cugino	gonna	discoteca	pesche
fratello	camicetta	paninoteca	formaggio
cognato	maglione	rosticceria	ciliege
amico	tovaglia	ristorante	mele
genero	guanti	pizzeria	pere

primavera	maggio	bretelle	nero
autunno	luglio	tagliatelle	giallo
estate	agosto	tortellini	gallo
inverno	domenica	lasagne	verde
dicembre	settembre	maccheroni	rosso
	gennaio	spaghetti	bianco

martedì	pasta	prosciutto	bracciale
giovedì	pane	salame	coperchio
domenica	verdura	pancetta	anello
verde	latte	mortadella	orecchino
mercoledì	cintura	pollame	collana
lunedì	frutta	salsiccia	spilla

2. *Collegate ciascun gruppo di parole dell'esercizio 1 con l'appropriato "insieme" da scegliere fra i seguenti:*

mezzi di trasporto · ambienti della casa · abbigliamento
mesi · colori · parenti · luoghi dove si mangia · frutta
stagioni · tipi di pasta · stoviglie · giorni della settimana
alimenti · salumi/insaccati · gioielli · nella cartella

3. *Collegate ogni nome con la definizione appropriata.*

1.	La lavatrice	a.	è la porta principale di un edificio
2.	Il quaderno	b.	serve per scrivere e si può cancellare
3.	Lo sgabello	c.	è un insieme di fogli rilegati
4.	Il portone	d.	è usata dal professore durante la lezione
5.	La segreteria	e.	è il medico che cura i disturbi della vista
6.	Il bar	f.	è la macchina che serve per lavare la biancheria
7.	La matita	g.	riflette la tua immagine
8.	Lo specchio	h.	serve per sedersi
9.	La lavagna	i.	è il locale pubblico dove si va a prendere il caffè
10.	L'oculista	l.	è l'ufficio nel quale puoi iscriverti ai corsi

4. *Per ogni nome scrivete il verbo corrispondente.*

1. Suono ....
2. Bacio ....
3. Odore ....
4. Guida ....
5. Amore ....
6. Studio ....
7. Viaggio ....
8. Incontro ....
9. Grido ....
10. Ballo ....
11. Gioco ....
12. Cucina ....
13. Pensiero ....
14. Invito ....
15. Sbaglio ....

5. Collegate ogni verbo con il nome appropriato con il quale si accompagna di solito.

1.	Lavare	a.	le camicie
2.	Chiudere	b.	una favola
3.	Cuocere	c.	la sigaretta
4.	Apparecchiare	d.	una canzone
5.	Leggere	e.	la porta
6.	Spegnere	f.	la pasta
7.	Prenotare	g.	un'informazione
8.	Visitare	h.	l'albergo
9.	Chiedere	i.	il museo
10.	Cantare	l.	la tavola

6. Scrivete il corrispondente nome femminile.

1. Uomo ....
2. Genero ....
3. Padre ....
4. Studente ....
5. Lettore ....
6. Autore ....
7. Allenatore ....
8. Sciatore ....
9. Amico ....
10. Zio ....
11. Marito ....
12. Maschio ....
13. Fratello ....
14. Cassiere ....
15. Pittore ....
16. Proprietario ....
17. Professore ....
18. Figlio ....
19. Segretario ....
20. Scrittore ....

7. E il femminile di...?

1. Insegnante ....
2. Nipote ....
3. Musicista ....
4. Artista ....
5. Pediatra ....
6. Dentista ....

8. Mestieri e professioni.

1. Fiore ....
2. Pane ....
3. Frutta ....
4. Pizza ....
5. Bar ....
6. Fotografia ....
7. Salumi ....
8. Tabacchi ....
9. Piano ....
10. Musica ....

9. *In ogni gruppo cancellate la parola che è estranea per il significato.*

1. tartine – arancino – scarpone – crocchette
2. cerotto – occhiali – cotone – disinfettante
3. sole – ruscello – stelle – luna
4. videoregistratore – motore – carrozzeria – volante
5. bagnoschiuma – profumo – lampadina – talco

10. *In ogni gruppo di parole trovate quella che include il significato di tutte le altre.*

1. frigorifero – elettrodomestico – lavatrice – lavastoviglie
2. calze – canottiera – reggiseno – biancheria
3. macellaio – pescivendolo – negoziante – fruttivendolo
4. gomma – matita – righello – cancelleria
5. divano – poltrona – cassettone - mobili

11. *Per ogni oggetto o luogo collegate i corrispondenti lavoratori.*

1. auto
2. aereo
3. scuola
4. ospedale
5. treno

a. cuccettista
b. portantino
c. professore
d. navigatore
e. meccanico
f. carrozziere
g. pilota
h. bidello
i. medico
l. conducente
m. assistente di volo
n. elettrauto
o. infermiere
p. controllore
q. preside

12. *Sottolineate il sinonimo corrispondente alle parole in corsivo.*

1. Ti piacciono le mie *pantofole*? (stivali – ciabatte – scarpe da tennis)
2. Questa è una *strada* con molto traffico. (stazione – aeroporto – via)
3. Vuoi l'*indirizzo*? (mittente – recapito – destinatario)
4. È un'*automobile* molto potente. (macchina – autobus – nave)
5. In quella *camera* c'è solo una finestra. (corridoio – stanza - cucina)

13. *Per ogni domanda scegliete i mestieri corrispondenti fra quelli dati.*

il calzolaio · l'imbianchino · il salumiere · l'idraulico · il gelataio
il meccanico · il farmacista · il tabaccaio · il libraio · l'autista

1. Chi vende i libri? ....
2. Chi ripara le macchine? ....
3. Chi vende il gelato? ....
4. Chi guida l'autobus? ....
5. Chi ripara le scarpe? ....
6. Chi vende le medicine? ....
7. Chi ripara i rubinetti? ....
8. Chi vende il prosciutto? ....
9. Chi vende le sigarette? ....
10. Chi dipinge le pareti? ....

14. *Inserite le seguenti parole nei riquadri appropriati per significato.*

pavimento	gioielleria	balcone	pane	aranciata
salotto	birra	spiaggia	terrazzo	vino
tetto	bagnino	minestra	cantina	giocatore
abbigliamento	pasta	ombrellone	riso	barca
sci	scale	pinne	partita	sabbia
calzature	pattini	pallacanestro	casalinga	arbitro
lavandino	mobile	fagioli	detersivo	carne
limonata	libreria	chinotto	acqua	palla
salvagente	farmacia	pesce	polleria	merceria

cibo **casa** **negozio**

sport **mare** **bevande**

15. *Scrivete a fianco di ogni nome gli aggettivi appropriati.*

secco · torrenziale · limpido · affollata · fragrante · innevata · cupo
deserta · ripida · fitta · nuvoloso · leggera · grande · alta

1. Montagna ....
2. Cielo ....
3. Piazza ....
4. Biscotto ....
5. Pioggia ....

16. *Per ciascuna parola scrivete il sinonimo corrispondente scegliendo fra i seguenti:*

madre · guanciale · luogo · abito · calzature · denaro
volume · padre · abitazione · fondina

1. Piatto ....
2. Mamma ....
3. Casa ....
4. Cuscino ....
5. Papà ....
6. Posto ....
7. Libro ....
8. Vestito ....
9. Soldi ....
10. Scarpe ....

17. *Per ogni verbo scrivete il corrispondente nome astratto.*

1.	Passeggiare	la passeggiata	11.	Saltare	....
2.	Partire	....	12.	Sbagliare	....
3.	Parlare	....	13.	Sbadigliare	....
4.	Scrivere	....	14.	Annunciare	....
5.	Leggere	....	15.	Soccorrere	....
6.	Andare	....	16.	Ascoltare	....
7.	Ballare	....	17.	Salire	....
8.	Studiare	....	18.	Attendere	....
9.	Giocare	....	19.	Pronunciare	....
10.	Cuocere	....	20.	Salutare	....

18. *Rimettete nel testo i nomi che seguono.*

donne · agosto · Torino · sera · ferie · città · guida · musei

Agosto, noia in città non ti conosco

Quando viene la .... anche i coraggiosi che tengono duro in ...., per lavoro, perché odiano la confusione al mare, perché hanno già fatto le ...., sentono aumentare la malinconia. Libro? TV? C'è qualcosa di più vivace a Roma, Milano, Firenze, ..., Bologna, Napoli, Palermo. Dalla home page (www.panorama.it) cliccare per la .... al meglio delle serate d' .... in città. In più concerti e .... aperti. E per le ...., "Quando il marito è in vacanza", manuale per sopravvivere (bene) da single.

adattato da *Panorama*

19. *Per ciascun gruppo trovate la parola che contiene il significato di tutte.*

1. Cucchiaio – forchetta – coltello – cucchiaino posate
2. Tamburo – violino – chitarra – fisarmonica ....
3. Padella – pentola – piatto – bicchiere ....
4. Salame – mortadella – prosciutto – speck ....
5. Pomodori – patate – zucchine – cipolle ....

20. *Scrivete i nomi astratti corrispondenti.*

1. Adatto adattamento
2. Buono ....
3. Leggero ....
4. Alto ....
5. Caldo ....
6. Dolce ....
7. Grasso ....
8. Bello ....
9. Aperto ....
10. Seduto ....
11. Amaro ....
12. Veloce ....
13. Duro ....
14. Pulire ....
15. Sporcare ....
16. Prendere ....
17. Vendere ....
18. Entrare ....
19. Accendere ....
20. Aprire ....
21. Svegliarsi ....
22. Conoscere ....
23. Partire ....
24. Salutare ....
25. Correre ....

21. *Collegate ogni nome con i possibili aggettivi appropriati.*

Pane	1.	vellutata – profumata – spinosa
Strada	2.	sempreverde – rigogliosa – grassa
Mare	3.	azzurro – mosso – sporco
Tavola	4.	ricca – apparecchiata – sontuosa
Rosa	5.	fresco – morbido – raffermo
Caffè	6.	dritta – asfaltata – interrotta
Fogli	7.	colorati – scritti – ruvidi
Pianta	8.	lungo – macchiato – amaro
Stazione	9.	periodico – quotidiano – sportivo
Giornale	10.	affollata – deserta – ferroviaria

palestra italiana

passato prossimo e imperfetto

1. *Riscrivete al passato prossimo dell'indicativo il programma della giornata di Lisa.*

Lisa alle
6:30 - si alza
6:35 - si lava
7:00 - fa colazione
7:30 - si veste
7:50 - esce
8:05 - prende l'autobus per l'aeroporto
8:10 - arriva all'aeroporto
9:00 - parte per Roma
10:00 - arriva all'aeroporto di Roma-Fiumicino
10:15 - prende la navetta per la Stazione Termini
11:00 - arriva in albergo ed esce subito per fare un giro in città
14:00 - pranza con Luigi, il suo ragazzo
15:00 - incontra altri amici
16:30 - va in giro per negozi
19:30 - rientra in albergo stanca morta
20:00 - fa una doccia
20:30 - guarda il telegiornale
21:00 - cena con Luigi
22:00 - va in discoteca
01:00 - torna in albergo
Che giornata!

Alle 6:30 Lisa si è alzata...

2. *Completate con il passato prossimo dell'indicativo dei verbi in parentesi.*

1. Ieri Vittorio (andare) .... dal medico.
2. Francesco, mio nipote, (nascere) .... a Roma.
3. L'estate scorsa i ragazzi (rimanere) .... in città.
4. Lucia (uscire) .... di casa alle 7 per andare al lavoro.
5. Barbara e Irene (venire) .... in Italia l'estate scorsa.
6. Ieri Matteo (uscire) .... con gli amici.
7. Ieri Marco (guardare) .... un vecchio film alla tv.
8. Lorenzo, quando (tornare) .... dalle vacanze?
9. Domenica scorsa gli studenti (fare) .... una gita in Sila.
10. Le ragazze (parlare) .... fino a tardi dei loro progetti.
11. Laura, dove (mettere) .... il giornale? Due minuti fa era qui sul tavolo!
12. Mio nonno (morire) .... due anni fa.
13. Che fortuna! Ieri (io - riuscire) .... a prendere l'autobus perché (partire) .... in ritardo.
14. Perché non (tu - venire) .... al cinema con noi?
15. Quanto (voi - pagare) .... per quella camera in affitto?
16. Il cappotto (costare) .... molto, però è di ottima qualità.
17. Fabio e Giorgia (tornare) .... dalla Grecia la settimana scorsa.
18. La studentessa (scrivere) .... la domanda al Rettore per avere una borsa di studio.
19. (Tu - vedere) .... la mostra a Palazzo Grassi, l'anno scorso?
20. Per andare al pronto soccorso Gianfranco (fermare) .... un'automobile di passaggio.

3. *Completate con il passato prossimo dell'indicativo dei verbi in parentesi.*

È domenica. Stamattina Mira (alzarsi) .... alle 9.00, (fare) .... colazione con latte e biscotti, (lavarsi) .... ed (uscire) .... a fare jogging nel parco. Verso mezzogiorno (rientrare) .... a casa, (mangiare) .... un'insalata e un po' di frutta, poi (distendersi) .... sul divano e (leggere) .... una rivista di moda.

Verso le quattro (arrivare) .... Guido e Giovanna, insieme (bere) .... un tè e (fare) .... il programma della serata. Stefano, il suo ragazzo, (arrivare) .... alle 18.30.
"(Chiedere) .... a Ezio e Francesca di raggiungerci qui da te alle sei - (dire) .... Giovanna. Ma loro (rispondere) .... di avere qualche difficoltà con la macchina, così (offrirsi) .... di andarli a prendere."
Dopo aver bevuto il tè, Mira (proporre) .... di telefonare anche ad Anna e Davide e così, tutti e sei insieme (andare) .... prima al cinema e poi in pizzeria.

4. *Completate con il passato prossimo dell'indicativo dei verbi in parentesi.*

L'ultimo giorno di ottobre (io - partire) .... per Torino con l'aereo delle 8.00. Appena (salire) .... sull'aereo, l'hostess mi (portare) .... i giornali e mi (invitare) .... ad allacciare le cinture di sicurezza. L'aereo (atterrare) .... dopo circa cinquanta minuti. (Prendere) .... un taxi e (andare) .... subito in albergo. Nel pomeriggio (incontrare) .... alcuni colleghi di lavoro e (discutere) .... di affari con loro per molte ore. La sera, stanco, (tornare) .... in albergo, (cenare) .... immediatamente e (salire) .... in camera. (Accendere) .... la tv ma (addormentarsi) .... subito!

5. *Completate con l'imperfetto indicativo dei verbi in parentesi.*

1. Da ragazzina (piacermi) .... leggere i fumetti.
2. (Essere) .... una giornata piovosa e (tirare) .... un forte vento.
3. Quando (io - essere) .... in vacanza, ogni sera (guardare) .... la tv fino a tardi.
4. Il sabato sera, da ragazzi, (noi - andare) .... sempre in discoteca.
5. Mentre Luisa (cucinare) ...., Aldo (apparecchiare) ....
6. A pranzo Luca, di solito, (bere) .... acqua minerale gassata, noi invece liscia.
7. Per colazione (noi - prendere) .... sempre caffè, cornetto e spremuta di arancia.

8. Quando (io - vivere) .... a Roma, (lavorare) .... in un ufficio commerciale.
9. L'estate scorsa (fare) .... molto caldo perciò tutti noi ogni giorno (andare) .... in piscina.
10. Dopo le lezioni gli studenti di solito (tornare) .... a casa con l'autobus.
11. Quando (dovere) .... sostenere gli esami, Luigi (studiare) .... dalla mattina alla sera.
12. Da giovane Marta (avere) .... molti amici di penna.
13. D'estate, al mare, (io - abbronzarsi) .... moltissimo. Ora non più.
14. Da piccola non (piacermi) .... il baccalà. Adesso lo mangio volentieri.
15. Mentre (fare) .... ginnastica Valeria si è fatta male.

6. *Correggete le forme verbali, se necessario.*

1. Luisa ha andato dal medico.
   Luisa è andata dal medico.
2. Ho arrivato in anticipo.
   ....
3. Avevo sete, perciò sono bevuto un'aranciata.
   ....
4. Sono salito le scale di corsa, per questo ho il fiatone.
   ....
5. Avevo sonno, perciò ho dormito otto ore.
   ....
6. L'estate scorsa ho andato a Torino e sono salito sulla Mole Antonelliana.
   ....
7. Lo scorso anno, a Natale, ho stato in montagna.
   ....
8. Ho saputo che avevi bisogno d'aiuto e ho venuto subito da te.
   ....
9. Quel famoso atleta ha corso i cento metri a tempo di record.
   ....
10. La primavera scorsa sono seguito un interessante corso di psicologia.
    ....

7. *Volgete il seguente brano al plurale, facendo solo i cambiamenti necessari.*

A Maria hanno regalato un bel cagnolino e lei l'ha chiamato Palicchio, il nome di un suo orsacchiotto. I suoi genitori non volevano il cane perché abitano in un appartamento al terzo piano di un grande palazzo. Maria però ha insistito e così sua madre ha ceduto. La ragazza dice che i suoi amici sono molto contenti di andarla a trovare per giocare con lei e il suo cagnolino.

Maria ha un'idea fissa, quella cioè di tenere il cagnolino nella sua camera per tutto l'inverno e poi, in estate, portarlo nella casa del nonno dove c'è un grande giardino così il suo cane potrà giocare all'aperto.

A Maria e Chiara hanno regalato...

8. *Completate con la forma appropriata dei verbi in parentesi (imperfetto o passato prossimo).*

1. Mentre Luisa (studiare) ...., i suoi amici (guardare) .... la TV.
2. Quando (essere) .... a Londra (incontrare) .... una mia amica che non (vedere) .... da tanto tempo.
3. Ieri le mie amiche (rimanere) .... tutto il giorno in casa. Mentre Alice (pulire) .... la sua stanza, Marisa (preparare) .... il pranzo.
4. (Lei - avere) .... poco più di 20 anni, ma (essere) .... così triste che (sembrare) .... una donna matura.
5. L'altra sera (piangere) .... molto, (essere) .... depressa, (sentirsi) .... sola, (avere) .... bisogno di compagnia, ma a casa mia tutti (essere) .... fuori.
6. La settimana scorsa (io - dovere) .... andare a Roma, (prendere) .... l'aereo delle 7.00 che (atterrare) .... a Fiumicino alle 8.10.
7. Ieri Licia (partire) .... prima del previsto perché (dovere) .... partecipare all'esame di ammissione all'università.
8. Finalmente (io - scrivere) .... una lettera ai miei genitori perché (essere) .... da molto tempo che non lo (fare) ....

9. (lo - vivere) .... in centro fino a 19 anni, poi (trasferirsi) .... in periferia.
10. Stamattina Luca (alzarsi) .... alle 7.00, (fare) .... colazione e poi (tornare) .... a letto. (Sentirsi) .... male. (Avere) .... l'influenza.

9. *Completate con le forme appropriate dei verbi in parentesi.*

"(Scappare) ....È scappato......... il bambino! – mi (dire) .... allarmato mio marito, appena (io - rincasare) ....
Bruno, che (avere) .... appena due anni, non (esserci) .... da nessuna parte. (Noi - guardare) .... in giardino, (noi - cercare) .... in tutta la casa ma niente da fare.
La tensione (aumentare) .... sempre più ed (essere) .... pronti ad avvisare la polizia quando Angela, la maggiore delle nostre figlie, (attirare) .... la nostra attenzione con un grido.
Il piccolo Bruno (essere) .... rannicchiato sotto la grande scrivania dello studio e (dormire) .... profondamente.

10. *Completate con le forme verbali appropriate del verbo in parentesi.*

Domenico Modugno

Famoso cantante degli anni '60, Modugno (nascere) .... a Polignano a Mare, in provincia di Bari nel 1928.
Già da ragazzo (avere) .... il desiderio di diventare un artista, idea contraria a quella del padre che lo (volere) .... impiegato di banca.
Per realizzare i suoi sogni (scappare) .... di casa, (abbandonare) .... gli studi e (iniziare) .... la carriera cinematografica. Ma dopo poco tempo (lasciarla) .... per entrare nel mondo della canzone.
La canzone "Nel blu dipinto di blu" (renderlo) .... famoso e (permettergli) .... di vincere il Festival di San Remo del 1958.
Soprattutto agli inizi della carriera (cantare) .... con grande successo anche canzoni in dialetto siciliano e napoletano ed (diventare) .... presto un cantante famoso anche all'estero.

11. Completate con la forma appropriata dei verbi in parentesi.

Un lieto fine

La presenza di spirito e l'amore per gli animali di un macchinista (salvare) .... da morte certa un animale ferito. Il conducente di un treno diretto a Monza, quando (vedere) .... il grosso uccello che (dibattersi) .... sui binari, non solo (fermare) .... immediatamente il treno, ma (scendere) .... anche dalla locomotiva, seguito dai passeggeri per soccorrerlo. (Trattarsi) .... di uno splendido esemplare di poiana, un grosso rapace che, ferita agli occhi dai pallini sparati da un cacciatore, (essere) .... ormai priva di orientamento in mezzo ai binari della linea ferroviaria che unisce Lecco a Monza. Quando finalmente (lui - riuscire) .... a raccogliere l'uccello e a consegnarla agli agenti della Polfer, i passeggeri (applaudire) .... a lungo il macchinista.

adattato da *il Corriere della Sera*

12. Completate con le forme appropriate dei verbi in parentesi.

Un incontro importante

Quello (essere) .... davvero un giorno importante per me, perciò (prepararsi) .... con molta cura. (Alzarsi) .... molto presto, (fare) .... la doccia e, mentre (prendere) .... un caffè bollente, (cercare) .... di immaginare le possibili domande di quel colloquio, ma non (riuscire) .... a pensare. Perciò (decidere) .... di uscire presto e fare una lunga passeggiata prima di andare all'appuntamento. La porta dell'ufficio (essere) .... di legno massiccio; dopo un attimo di esitazione (bussare) .... e (entrare) .... L'uomo che (essere) .... davanti a me (avere) .... un aspetto rassicurante perciò (io - farsi) .... coraggio e alle sue prime domande la mia lingua (sciogliersi) .... (Noi - parlare) .... di tante cose: di cultura, di arte, di letteratura, di contabilità... Alla fine quel signore (stringermi) .... la mano e (congratularsi) .... con me. Così (cominciare) .... a lavorare all'Alitalia.

13. *Completate con le forme appropriate dei verbi in parentesi.*

Un giorno un delfino, seguendo un grande panfilo, (entrare) .... nel porto di Viareggio e (mettersi) .... a girare nella darsena fra lo stupore della gente. Il delfino, che (rimanere) .... lì anche nei giorni seguenti, (sfrecciare) .... veloce lungo il muro del canale, (fare) .... salti e piroette come un acrobata di circo ed (emettere) .... gridolini allegri che (fare) .... ridere tutti.
I ragazzi lo (chiamare) .... Bombolino, perché, in effetti, l'animale (sembrare) .... proprio una di quelle bombole rotonde che ogni tanto le navi (abbandonare) .... nel mare.
(Passare) .... i giorni e Bombolino (continuare) .... a rimanere nella darsena e lì (esibirsi) .... in salti e capriole per far contenti i bambini radunati sul molo.
(Bastare) .... un gelato o una caramella e subito il delfino (saltare) .... e (gridare) .... arrivando con la bocca sino alle mani dei bimbi che gli (offrire) .... i dolciumi.

adattato da *Il paese dei burattini* di Romano Battaglia

14. *Completate con l'imperfetto dei verbi in parentesi.*

Il parlatorio dell'ospizio (essere) .... in una stanza buia, a pianterreno, che (dare) .... su un cortile dove (aggirarsi) .... le ospiti del reparto femminile. La guardiana (conoscere) .... tutti i visitatori; appena (entrare) .... lei (gridare) .... un nome rivolta verso l'interno del cortile. - Casati! - (dire) .... e poco dopo (apparire) .... la nonna. Ella (essere) .... ancora in buona salute, ma un poco incerta sulle gambe. (Esservi) .... uno scalino fra il cortile e il parlatorio, (dovere) .... appoggiarsi alla soglia per varcarlo. (Essere) .... sempre pulita e in ordine; io (dirle) .... di non averla mai vista così elegante. La stanza (essere) .... buia; (noi - sedere) .... di fronte, con le mani in mano. Si (stare) .... a lungo in silenzio, carezzandoci le mani; (io - abbassare) .... gli occhi e (io - sentire) .... il suo sguardo sopra la mia testa, come un rimprovero e come una benedizione.

da *Cronaca familiare* di Vasco Pratolini

15. Completate con le forme verbali appropriate dei verbi in parentesi.

D'estate (noi - andare) .... a Forte dei Marmi. La casa (avere) .... un giardino; sul davanti (esserci) .... una pineta che (finire) .... sulla spiaggia; al centro della pineta un viale con la ghiaia. (Aprirsi) .... il cancello di legno verde e là, davanti alle piatte dune di sabbia coperte dal prunaio grigio e azzurro, (esserci) .... il mare. Un mare dolce, tranquillo, argenteo con onde calme striate di schiume bianche che (disperdersi) ...., morendo sulla spiaggia chiara e morbida.

Sulla frangia dell'acqua (correre) .... piccoli granchi. Vicino alla riva un pescatore (setacciare) .... la sabbia, trainando uno strumento formato da tre pali di legno e una rete. Sul fondo (rimanere) .... piccole arselle dal guscio multicolore che il pescatore (versare) .... in un sacco tenuto a tracolla. Le arselle gettate nell'acqua bollente, poi aperte e pulite, (diventare) .... la miglior salsa per gli spaghetti.

In cucina (io - vedere) .... con disperazione l'arrivo dell'arsellano, che (significare) .... ore di lavoro per preparare una tazza di sugo.

da *Vestivamo alla marinara* di Susanna Agnelli

palestra italiana

possessivi

1. *Completate con i possessivi appropriati.*

1.	Il banco di Maria	Il ...suo... banco
2.	La matita di Carlo	La .... matita
3.	I fiori del giardiniere	I .... fiori
4.	Le penne di Paolo	Le .... penne
5.	I dischi delle ragazze	I .... dischi
6.	I miei e i tuoi fogli	I .... fogli
7.	Le tue e le sue scarpe	Le .... scarpe
8.	La borsa delle signore	La .... borsa
9.	I quaderni degli scolari	I .... quaderni
10.	La macchina del ragazzo	La .... macchina
11.	La mia e la tua insegnante	La .... insegnante
12.	Il mio e il suo professore	Il .... professore
13.	Le tue e le loro scarpe	Le .... scarpe
14.	La radio di Lucia e Franco	La .... radio
15.	Il computer del segretario	Il .... computer

2. *Completate la colonna A con gli articoli appropriati e la colonna B con i possessivi appropriati.*

	A	B
1.	...La... macchina di Anna	...La... ......sua...... macchina
2.	.... libri degli studenti	.... libri
3.	.... mia e .... tua camera	.... camera
4.	.... occhi di Sandra	.... occhi
5.	.... mio e .... suo indirizzo	.... indirizzo
6.	.... foglio di Luigi	.... foglio
7.	.... riviste del nonno	.... riviste
8.	.... penne dei miei compagni	.... penne

9. .... tuoi e .... suoi appunti — .... appunti
10. .... esercizi degli studenti — .... esercizi
11. .... vestito della zia — .... vestito
12. .... camera da letto del nonno — .... camera da letto
13. .... giornale di papà — .... giornale
14. .... tuoi e .... suoi occhiali da sole — .... occhiali da sole
15. .... mie e .... tue fotografie — .... fotografie

3. *Completate con i possessivi appropriati.*

1. Il .... insegnante è molto bravo. Seguiamo le .... lezioni sempre con interesse.
2. Maria è molto contenta della casa che ha ereditato dalla .... nonna.
3. Mi ha scritto una .... cara amica tedesca. Marco, puoi aiutarmi a tradurre la lettera?
4. Luigi starà via due settimane. La .... valigia è piena zeppa di vestiti.
5. Le ragazze sono in casa, le .... biciclette sono davanti al cancello.
6. Alessandro, mi presti il .... scooter per andare in farmacia?
7. Mi dici, per piacere, che ore sono? Il .... orologio si è fermato.
8. I .... coinquilini sono gentili e disponibili, con il .... aiuto siamo riusciti ad ambientarci nella nuova città.
9. Elda studia dalla mattina alla sera per poter finire la .... tesi di laurea.
10. Vorrei vivere a Venezia. È il .... sogno!

4. *Completate con gli aggettivi o pronomi appropriati.*

1. Signore, guardi che la ...sua........... moto è in divieto di sosta!
2. Maria telefona a casa per dire a .... madre che lei e .... fratello faranno tardi.
3. Quella ragazza mi piace, ma non conosco .... nome.
4. Barbara! Tina! .... insegnante è già in classe.
5. Matteo e Natalia vivono a Roma con .... famiglia.
6. Complimenti, signora, ... figlio è bravissimo!
7. Olga ama molto il giardinaggio: passa l'intera giornata tra .... fiori.

8. Marta è un fenomeno di ragazza, ... carattere e .... intelligenza sono invidiabili.
9. Signori, ... macchina ha una ruota a terra!
10. Siete arrivati tardi ragazzi, ... treno è già partito.
11. Luigi è dispiaciuto perché .... amici non verranno più per Natale.
12. Matteo è un bugiardo, ma .... sono piccole bugie.
13. Tommaso, ... comportamento non mi è piaciuto.
14. Carolina e Francesco sono molto allegri; .... risata è contagiosa.
15. Conosci Marco e Teresa? .... figlio studia nella stessa università dove ho studiato io.

5. *Completate i minidialoghi con i possessivi appropriati.*

1. *Marco:* "È .... questo libro, Rosanna?"
   Rosanna: "No, il .... oggi non l'ho portato. Forse è di Laura.
   Sì, è proprio ...."
2. *Cristina:* "Ragazzi, sono .... quei quaderni?"
   Giorgio e Dario: "Sì, sono ....! Finalmente li abbiamo ritrovati."
3. *Veronica:* "Signora Ferrara, è .... questa borsa?"
   Sig.ra Ferrara: "No, la .... l'ho lasciata in ufficio. È del dottor Belli".
4. *Controllore:* "Signore, ho già visto i .... biglietti?"
   Signore: "Sì, questo è il .... e questo di .... moglie."
5. *Claudio:* "Sono di .... madre quegli occhiali?"
   Cecilia: "Sì, sono ...."
6. *Anna:* "Sono .... queste foto?"
   Alice e Marisa: "Sì, sono .... Sono quelle che abbiamo fatto a Malta."
7. *Rita:* "È questo il registratore di Laura e Rossana?"
   Mara: "Sì, è proprio il ...."
8. *Rachele:* "Marcella, questo è il maglione di .... sorella?"
   Marcella: "Sì, è il ...."
9. *Lucia e Mario:* "Ci scusi, è quello il .... tavolo?"
   Cameriere: "Sì, è il .... È il tavolo che avete prenotato ieri."
10. *Camilla:* "Mario, scusa, hai visto i .... guanti? Li avevo lasciati qui."
    Mario: "Mi dispiace, qui ci sono soltanto i ...."

6. *Completate con l'articolo appropriato, se necessario.*

1. .... tuoi nonni sono in giardino.
2. .... mia cugina frequenta l'università.
3. .... mia amica si chiama Luisa.
4. .... loro stanza è luminosa.
5. .... vostro zio è tornato ieri dall'America.
6. .... suo fratellino ha la febbre.
7. .... nostra casa è sul mare.
8. .... mia dolce nonnina ha compiuto 90 anni.
9. .... sua moglie lavora in ufficio.
10. .... vostri appunti sono sul banco.
11. .... loro vestiti sono nell'armadio.
12. .... mio marito legge il giornale tutti i giorni.
13. .... suo album è pieno di foto.
14. .... suoi esercizi sono corretti.
15. .... loro macchina è nuova.
16. .... mio sogno è di andare in America.
17. .... tuoi parenti sono simpatici.
18. .... tuo ragazzo è simpatico.
19. .... sua sorella è molto carina.
20. .... suoi orecchini sono antichi.

7. *Completate con i possessivi appropriati.*

1. Quel cantante ha una bella voce. Le .... canzoni sono stupende.
2. La piscina di Carlo è grandissima. È la .... passione!
3. Moravia ha scritto molti romanzi. Uno dei .... capolavori è " Gli indifferenti".
4. La .... vicina di casa abita qui da poco. Non la conosco ancora bene.
5. Al giorno d'oggi i giovani esprimono le .... opinioni liberamente.
6. Cristina ha nostalgia del .... paese e della .... famiglia.
7. Io cerco di seguire i consigli dei .... genitori, ma a volte faccio di testa ....
8. La .... villa è in collina, in posizione panoramica.
9. Paolo ama i bastardini, il .... cane è un incrocio tra un pastore tedesco e un pastore maremmano.
10. Non andiamo sempre d'accordo con i colleghi. Le .... idee sono diverse dalle ....

8. *Correggete le frasi, se necessario.*

1. La nostra cognata è partita.
2. Vostri fratelli sono in montagna.
3. La mia nonna è seduta sul divano.
4. La sua zia è andata in Messico.
5. Mio tappeto è persiano.
6. La loro aula è spaziosa.
7. Tua penna è rossa.
8. I miei suoceri sono molto gentili.
9. La sua madre è tedesca.
10. La nostra cara zia Emma è una brava cuoca.
11. La sua collana è d'oro, mia d'argento.
12. Sua moto è più veloce della mia.
13. Suo fratello è architetto.
14. Loro genitori sono di Rimini.
15. La mia insegnante è la sua sorella.

9. *Completate con i possessivi appropriati.*

1. Vivaldi è stato un grande compositore. Le .... melodie sono note in tutto il mondo.
2. Ho discusso molto con i signori Magri perché non condivido le .... idee.
3. Dottore, la .... diagnosi è stata confermata anche dalle analisi.
4. I ferrovieri sono in agitazione sindacale: il .... sciopero durerà 48 ore.
5. Barbara non ha ancora un lavoro perciò vive con i .... genitori.
6. Che disordine in questa camera! Niente è al .... posto!
7. I chirurghi in questi ultimi tempi hanno fatto grandi progressi. Le .... tecniche sono sempre più sofisticate.
8. Reggio Calabria è meta di turisti per la .... posizione sul mare e per il .... clima mite.
9. La .... passione per la legge l'ha fatto diventare un ottimo avvocato.
10. I volontari sono stati premiati per il .... coraggio.

10. Completate con i possessivi appropriati.

Signora: Buongiorno.
Impiegato: Buongiorno, Signora. Desidera?
Signora: Mi scusi, vorrei aprire un conto. Cosa devo fare?
Impiegato: Bene, intanto mi vuole dare i suoi dati? .... nome?
Signora: Marina Fabbri.
Impiegato: .... data di nascita?
Signora: 06/07/1957.
Impiegato: Che lavoro fa?
Signora: Sono impiegata. Nella ditta di mio marito.
Impiegato: Bene. Ricorda .... codice fiscale?
Signora: Dovrei averlo nel porta documenti. Oh! Che sbadata. Ho scambiato la borsa con quella di .... figlia.
Impiegato: Per ora signora, ho inserito nel computer tutti .... dati. Manca solo il codice fiscale. Può portarlo domani?
Signora: Sì, sì. Vengo domani mattina.
Impiegato: Perfetto, così domani potrà avere .... numero di conto e .... libretto d'assegni.
Signora: Grazie. A domani, arrivederla.
Impiegato: Arrivederla, signora. E buona giornata.

11. Correggete le frasi, se necessario.

1. Gli amici di Giulio hanno fissato un appuntamento col suo collega e sono andati a trovarlo in ufficio.
2. Miei cani sono molto aggressivi, tuo è docile.
3. Sono dei famosi studiosi, le loro ricerche sono sempre molto interessanti.
4. La sede della nostra Università è molto bella.
5. Dimmi quali sono tuoi gusti e ti dirò chi sei.
6. Qui il mare è limpido, il suo fondale è vario e l'acqua di un bel blu.
7. Nostro obiettivo è quello di diffondere la cultura e la lingua italiana in tutto il mondo.
8. Io e i miei genitori la pensiamo diversamente; le mie idee sono più moderne delle sue.
9. Tue cugine verranno anche quest'estate?
10. Vostro dovere è rispettare le persone anziane.

12. Completate con i possessivi appropriati.

Una di quelle estati fu per noi splendida: l'estate in cui .... padre decise di prendersi una vacanza. Ciò significava che egli metteva a .... disposizione tutte le risorse della .... allegria, della .... inventiva, della .... esperienza. Diventava un .... compagno maggiore, la .... guida. Un giorno lo vedemmo lavorare con grandi fogli di carta, con barattoli di colla. Il risultato fu un aquilone.
Il .... primo aquilone.

da Giani Stuparich, *L'isola e altri racconti*

Un ricordo più di tutti gli altri c'è nel .... cuore: umide serate domenicali di novembre in casa di .... nonno, col vino caldo in mezzo alla tavola, col vassoio delle caldarroste e tutta la .... famiglia, i .... zii e le .... zie, i .... cugini e le .... cugine in quantità, coi .... visi rossi attorno.

adattato da Giovanni Papini, *Il muro dei gelsomini*

13. Completate con i possessivi appropriati.

Il presidente di una associazione di beneficenza telefona a un miliardario noto per la .... avarizia.
"Signore – dice il presidente al miliardario – dai .... archivi risulta che, nonostante la .... ricchezza, lei non ha mai fatto una donazione alla .... associazione".
" Dai .... archivi risulta anche che la .... vecchia madre è rimasta sul lastrico in seguito alla morte di .... padre? – si arrabbia l'avaro – e che ho un fratello invalido che è totalmente incapace di lavorare? Dai .... archivi risulta forse che .... sorella è vedova con figli a carico e che riesce a malapena a sopravvivere?"
"No, signore. – risponde imbarazzato il presidente – Nei .... archivi non c'è nulla di tutto ciò."
"Beh, a loro non ho mai dato niente, quindi perché dovrei dare qualcosa a voi?"

palestra italiana

pronomi personali e particelle

1. *Collegate le battute della colonna A con le repliche della colonna B.*

	A		B
1.	Avete sigarette?	a.	Non ce l'ha, perciò non possiamo suonare.
2.	Hai messo i soldi in cassaforte?	b.	No, non ne vendiamo.
3.	Marco ha il pianoforte?	c.	Sì, ce l'ho ma serve a me per scrivere.
4.	Hai la matita, per favore?	d.	Certo che ce l'ho, ne ho un blocco intero.
5.	Ce l'hai un foglio?	e.	Si, ce li ho messi.

2. *Completate con il pronome appropriato.*

1. Vuoi ancora la mia penna rossa?
   Sì, ... voglio per correggere i compiti.
2. Signora, vuole comprare questa borsa?
   Sì, ... voglio proprio comprare.
   Sì, voglio comprar............ .
3. Volete i miei appunti per studiare?
   No, grazie non .... vogliamo, abbiamo i nostri.
4. Avete visto l'ultimo film di Gianni Amelio?
   No, non .... abbiamo ancora visto.
5. Hai portato tu il dizionario?
   No, ... ho dimenticato.
6. Matteo, puoi preparare tu la valigia?
   Sì, ... posso preparare io, non ho niente da fare.
   Sì. Posso preparar............, non ho niente da fare.
7. Silvana, leggi davvero quei giornalacci?
   Sì, ma .... leggo solo dal parrucchiere.
8. Signor Lenzi, può riportare le riviste in segreteria?
   Sì, certo, ... riporto subito.

9. Caro mio, abbiamo già finito i cento euro!
   Ma come?!? .... abbiamo presi al bancomat stamattina!
10. Domenico, l'hai finito tu il formaggio?
   No, non io. .... ha mangiato... il topo!

3. *Completate con il pronome appropriato.*

1. Maria, compri tu il pane?
   Sì, ... compro più tardi, quando esco per la spesa.
2. Ragazze, spedite voi quelle lettere?
   Sì, ... spediamo tornando a casa.
3. Marco, prepari tu la cena?
   No, non .... preparo perché ho troppe cose da fare.
4. Allora, quando inviti i tuoi amici?
   .... invito domani sera, per una pizza.
5. Signora, è in contravvenzione. Deve accendere i fari!
   Ma come, non .... ho accesi?
6. Lucia, conosci Dana, la cugina di Ian?
   No, non .... ho mai vista.
7. Teresa, quando finisci quel lavoro?
   .... finisco alle 7.00, spero!
8. Per piacere, stira quel vestito, mi serve!
   Sì, se è urgente .... stiro subito.
9. Davvero non ti piace il pollo con i peperoni?
   .... detesto! E mi fa malissimo!

4. *Completate con il pronome appropriato.*

1. Alice ha comprato i francobolli.
   Ma .... avevo già comprati io!
2. Marco ha chiamato Giulia.
   Ma .... avevo già chiamata io!
3. Gli studenti hanno fotocopiato il nuovo orario.
   Ma .... avevo già fotocopiato io!

4. Marisa ha portato le castagne arrosto.
   Ma .... avevo già portate io!
5. Livia ha pagato le fotocopie.
   Ma .... avevo già pagate io!
6. I ragazzi hanno mangiato tutti i gelati.
   Ma .... volevo mangiare anch'io!
7. Rita ha innaffiato i fiori in giardino.
   Ma .... avevo già innaffiati io!
8. Carolina ha preso la macchina.
   Ma .... volevo prendere io!
9. Pietro ha portato le salsicce!
   Ma .... volevo portare io!
10. Marta ha raccontato la barzelletta sul Primo Ministro!
    Ma .... volevo raccontare io!

5. *Completate con il pronome appropriato.*

1. Il meccanico per quando ripara la macchina?
   .... ripara per stasera. — a. Lo; b. La; c. Le
2. Allora Claudio guarda la tv, eh?
   .... guarda sempre volentieri. — a. Il; b. Li; c. La
3. Signora, ... saluto, vado a casa. — a. La; b. Le; c. li
4. Miguel berrà birra?
   .... berrà un boccale grande. — a. Lo; b. Ne; c. La
5. Fernanda leggerà il giornale stasera.
   Come al solito, ... leggerà a letto. — a. ne; b. lo; c. mi
6. Quando l'insegnante interrogherà gli studenti?
   .... interrogherà senz'altro domani. — a. Li; b. Gli; c. Le
7. I bambini mangiano le merendine.
   .... mangiano volentieri. — a. Te; b. Le; c. Ci
8. Maria apre sempre la porta.
   .... apre perché fa caldo. — a. Me; b. La; c. Le
9. I bambini mangiano caramelle?
   .... mangiano un pacchetto al giorno! — a. Le; b. Ne; c. La
10. Dove metto queste sei bottiglie?
    .... metto tutte là sopra. — a. Ne; b. Le; c. Lo

6. *Completate con i pronomi appropriati.*

1. Ho incontrato Diego, quel ragazzo di Roma e .... ho detto di venire alla festa.
2. Il professore ha incontrato Lucia e .... ha chiesto il motivo della sua improvvisa partenza.
3. Il medico ha chiesto all'infermiere di portar .... il bisturi e le forbici.
4. Per favore, ... presti un euro? .... dispiace, non ho spicci.
5. Signora, ... ho portato le pizze che aveva ordinato.
6. .... ripeto che Lei si sbaglia! Non sono io il responsabile di questo disastro.
7. Non .... interessa quello che pensi tu! Io ho le mie idee!
8. .... piace molto la cioccolata, ... mangerei ogni giorno.
9. State tranquilli: .... riporterò domani i libri che .... avete prestato.
10. Scusa se mi intrometto, ma credo .... convenga partire subito se vuoi arrivare in tempo.
11. Cari amici, ... abbiamo pensato tanto in questi giorni.
12. Marcella, questo anello lo regalo ...., questo orologio a tuo fratello Luigi.
13. .... sembra di aver mangiato troppo. Continuando così, ingrasserò certamente!
14. Abbiamo ordinato dieci pizze ma .... hanno mandate solo quattro.
15. Avete portato il documento richiesto? Sì, ecco................ qui.
16. Ho deciso di comprare un regalo per mio marito, ... comprerò una stampa antica.
17. .... piace molto il gelato. .... mangerei mezzo chilo!
18. .... piacciono quegli orecchini. .... comprerò un paio per mia figlia.
19. .... prendi tu il giornale quando esci?
20. Quando .... vedi, saluta gli zii da parte mia.

7. *Completate con i pronomi doppi appropriati.*

1. Se non hai i soldi per i libri, ... presto io.
2. Hai rotto la penna? Se aspetti un momento .... do una io.
3. Non ci hai portato le fotografie, ... spedirai?
4. Se non hanno capito questa regola .... spiegheremo mille volte.
5. Sai se Lucio vuole venire al cinema con noi? Perché non .... chiedi?
6. Volete sapere la fine del film? Non .... dirò per non togliere la sorpresa.
7. Lo so che ti piacciono i miei francobolli, ma non .... posso dare, sono un regalo.
8. I miei cugini vogliono il mio orologio, ma non .... do perché è un ricordo del nonno.
9. Che bel cucciolo! Mi piace tantissimo! Perché non .... regali ?
10. Mi hai detto che Sara non ha neanche un cd di Laura Pausini. Allora, ... regaliamo uno noi.
11. "Le hai dato il suo libro?"
    "Sì, ... ho restituito proprio ieri."
12. "Sandro, mi ridai le chiavi del mio appartamento?"
    "Sì, ... porto domani."
13. "Raffaele, hai tempo per fare il progetto della mia casa nuova?"
    "................ farò volentieri. Solo per te però!"
14. "Costanza, dirai a Flavia di venirmi a trovare?"
    "Certo che .... dirò."
15. Ma se non .... dicono loro, chi ci informerà del loro arrivo?

8. *Completate con i pronomi doppi appropriati.*

1. Chi ti ha dato quelle informazioni?
   ......*Me le ha date*...... l'impiegato, per fortuna.
2. Avete dato il regalo a Luigi?
   Sì, ... giorni fa.
3. Gli restituite i documenti?
   .... subito.
4. Ci consegnate presto il risultato delle analisi?
   .... tra cinque minuti.

5. Maria, mi fai provare il tuo vestito?
Sì, ..., ma non lo sgualcire.
6. Hai portato le scarpe al calzolaio?
No, ... perché era chiuso.
7. Signorina, ha già letto la favola ai bambini?
.... due.
8. Mi scriverete delle lettere quando sarete tornati nei vostri Paesi?
.... tante.
9. Hai dato il pesce al gatto?
.... poco fa.
10. Signor Lemmi, ha parlato al ragionier Verdi di quell'affare?
Sì, ... due giorni fa.
11. Luisa, hai stirato la camicia a tua sorella?
Ma neanche per sogno! .... stira da sola!
12. Le direte chi aveva ragione?
Sì, ... non appena ci verrà a trovare.
13. Avete preparato le lasagne per gli ospiti?
Sì, ... perché sappiamo che ne vanno matti.
14. Vanessa, hai portato le mele alla nonna?
.... tre chili.
15. Chi vi ha venduto quell'anfora?
.... un amico subacqueo.
16. Signora, ha salutato il suo direttore per me?
Certo, ... appena l'ho incontrato.
17. Caro, mi passi lo zucchero?
.... subito.
18. Signorina, per piacere, mi può stampare quella lettera?
Sì, avvocato, ... subito.
19. Ci mette il peperoncino nel sugo?
Sì, ... pochissimo.
20. Mi porterete quegli scatoloni per domani sera?
No, ... martedì.

9. *Completate con* ci *o* ne *dove appropriato.*

1. Il libro costa dodici euro, io .... ho solo sei.
2. Non .... posso più, è sempre la stessa vita!
3. Non me .... importa niente di Vasco Rossi, non so che gusto .... provi ad andare ad un suo concerto.
4. Non so cosa farme.......... dei tuoi consigli! Tu non sei un vero amico ma un opportunista.
5. Che te .... importa di Luisa? Lasciala perdere.
6. Ho deciso su due piedi di partire per l'Inghilterra, così, senza pensar.......... due volte.
7. Che .... pensi? Facciamo prima un salto in città e poi .... ritroviamo con Marta e Valerio in pizzeria.
8. .... pensi? Domani saremo in vacanza! Che bello!
9. Che .... farai con i soldi vinti all'Enalotto?
10. .... parli tu di questo progetto con Edoardo?

10. *Completate con le forme pronominali appropriate.*

1. Vai al cinema, stasera?
   .... andrei volentieri ma ho un altro impegno.
2. Sei stato già in ospedale?
   Sì, ... vengo proprio ora, per fortuna le ultime notizie sono rassicuranti.
3. Mamma, ... porti al parco?
   .... porto solo se avrete fatto i compiti.
4. Hai parlato col Rettore di quel problema?
   No, ... parlerò domani.
5. Mamma, prepari tu i dolci per il mio compleanno?
   Sì, ... preparerò tantissimi.
6. .... vuole molto per arrivare in centro?
   No, ... vogliono ancora cinque minuti.
7. Quante caramelle vuoi?
   .... voglio solo una.
8. Prendi il caffè?
   Sì, ... prendo volentieri.

9. Frequenti l'università?
   Sì, ... vado tutti i giorni.
10. Che pensi delle canzoni di Eros Ramazzotti?
   .... vado matto.
11. Ma quanto .... metti a prepararti?
   Non .... metto molto, due minuti e sono pronta.
12. Marco, ... piace la torta?
   Sì, ma .... mangio solo una fetta.
13. Prendi il caffè?
   Sì, ... prendo uno la mattina.
14. Marco, ti piace questa torta?
   Sì, ma non .... mangio ora.
15. Maria, vuoi che spenga la luce?
   No, non .... spegnere! Vorrei leggere ancora.

11. *Completate con i pronomi appropriati.*

1. Marco, devi dar......... i soldi se vuoi che io .... compri le sigarette.
2. Caro Direttore, ... saluto e .... ringrazio per la gentilezza e il tempo che .... ha concesso.
3. Scusa, se .... disturbo, ma vorrei ricordar......... che entro stasera dobbiamo veder......... per organizzare quell'incontro.
4. Giorgio, aiuta......... ad alzare la cerniera del vestito e prendi la spazzola, per favore!
5. Il documento, ... hai preparato? Il rettore .... deve firmare entro oggi.
6. Prendi la macchina e porta...... dal meccanico! La marmitta fa un rumore terribile!
7. Ragazzi, ... prego, state un po' zitti! Ho un forte mal di testa!
8. Il professore ha visto gli studenti nel corridoio e .... ha chiamati, esortando........ ad entrare in classe.
9. La nonna vuole molto bene ai suoi due nipotini, perciò ha comprato .... le patatine.
10. Per fare l'insalata di lattuga, stacca le foglie, lava......... bene, taglia......... a pezzetti in una insalatiera e condisci......... con olio, sale e aceto.

11. Ecco, il libro è lì. Prendi........., porta......... al professore e di....... di indicar........ le pagine che devi studiare.
12. Ecco Maria, prega......... di aspettar......... e di accompagnar......... a casa perché abbiamo perso l'autobus.
13. Che regalo farai a Giulia per il suo compleanno? .... regalerò un libro giallo. .... piacciono molto questo genere di libri e so che .... leggerà con molto interesse.
14. Cari studenti, ... raccomando, studiate perché domani .... interrogo.
15. L'aliscafo per Ponza sta partendo. Valeria, sbriga......... o .... perderai.

12. Completate con i pronomi appropriati.

Un caffè speciale

Preparate separatamente un caffè normale, all'italiana, e una cioccolata calda con cacao amaro. Unite......... in un bricco. Zuccherate e servite. Un caffè così .... ho gustato la prima volta nell'isola di Giava. È facile far......... . ... ho offerto ai miei amici qui. Tutti .... hanno chiesto la ricetta!

Per depurare la pelle

Avete problemi di pelle? Per depurar......... ecco una delle ricette di bellezza più antiche. Con un cucchiaio di miele liquido e il succo di una fetta di limone preparate una pastella. Stendete......... sul viso e tenete......... per trenta minuti. Intanto approfittate......... per rilassar......... . La maschera risulterà ancor più efficace se .... toglierete con acqua tiepida in cui avrete fatto bollire un po' di rosmarino. .... garantisco!

Polenta miracolosa

Da un po' di tempo ho imparato a trasformare la polenta avanzata in pastasciutta. .... taglio a dadini, ... butto per pochi secondi in acqua bollente, ... scolo e .... metto in una zuppiera. Condisco con formaggio grana grattugiato e burro fuso con salvia; .... garantisco che è una bontà.

13. Completate con i pronomi e le particelle appropriate.

1. Che .... posso fare, in moto non riesco proprio ad andar......., ho troppa paura!
2. È proprio un televisore di ottima qualità; .... ho uno uguale anche io.
3. Non .... posso credere, avevo il biglietto vincente in tasca e non .... sapevo!

4. Questi giovani, proprio non .... capisco! Sprecano una serata per decidere dove andare!
5. Non ...... stancherei mai di mangiare gelato! Di ingrassare non .... importa niente!
6. Questo libro, porta............ subito al professore di chimica perché .... serve per la lezione.
7. La penna stilografica non ha più inchiostro: dobbiamo caricar....... e riportar....... allo studente che .... ha prestata.
8. Evviva! .... abbiamo fatta! Con questa vittoria siamo in serie A.
9. Penso che Lucia abbia l'influenza: misura............ la temperatura e non portar............ più fuori senza un cappellino di lana.
10. Ti è andato male l'esame? Dai, non .... fare un dramma! .... supererai nella prossima sessione.

14. *Completate in modo appropriato.*

1. - Avete trovato tutte le copie dei libri?
   - No, ... abbiamo comprat......... solo otto.
2. - .... ha raccontato, Laura, come sono andate le cose?
   - Sì, ... ha accennato qualcosa, ma .... dobbiamo ancora parlare più tardi.
3. - Quanti chili di mele avete colto?
   - .... abbiamo colt......... 4 chili.
4. - Luca, fino a quando sei rimasto alla festa?
   - Me .... sono andat......... poco dopo le dieci.
5. - Siete già andati alla spiaggia?
   - No, non .... siamo ancora andat......... .
6. - Sai se Marco ha comprato i biglietti per l'aereo?
   - No, non .... ha avuto il tempo. .... penserò comunque io.
7. - Hai sentito quello che ha detto Miriam?
   - No, qui .... è tanto rumore! Ripeti......... tu, per favore.
8. - Quando vi siete conosciuti tu e Dominique?
   - .... siamo vist......... per la prima volta in settembre.
9. - Lori, ma non dovevate andare all'estero quest'estate?
   - Dovevamo far........., ma poi non .... siamo riuscit......... .
10. - Quando vieni a casa mia?
    - .... vengo domani sera, dopo cena. Va bene?

11. - Hai comprato le cartoline da spedire ai nostri insegnanti?
- Purtroppo .... era solo una, ... compreremo altre tre dal tabaccaio.
12. - Hai spedito gli inviti per la festa?
- Sì , ... ho spedit......... già più di venti.
13. - Hai poi avuto notizie del litigio tra Pia e Lino?
- Ti prego, ... ho fin sopra i capelli di questa storia!
14. - Ho saputo che i bambini di Angela e Lillo sono dalla nonna da un mese.
- Lei .... ospita ogni estate! E vorrebbe far......... più spesso.
15. - Che .... dici se stasera invitiamo i Rossi per una spaghettata?
- .... va bene, purché tu .... aiuti. I piatti poi .... lavi tu.

15. Completate con i pronomi appropriati.

Caro Pietro,
come .... avevo detto, ho deciso di conceder .... una bella vacanza per la prossima estate. È inutile dir ...., sai benissimo quanto desidero venire a trovar .... e visitare insieme a .... la tua bellissima città. Il computer che .... avevo fatto vedere quando sei stato qui e che avevo intenzione di comprare, (........... ricordi?) .... ho già acquistato e il nostro amico Giulio, che .... intende, ... ha montato e messo in funzione. Le foto che .... hai mandato erano bellissime. .... ho fatte vedere a Luisa che ha voluto portar .... via per far........... vedere anche a suo marito e ai suoi figli. Tutti .... ricordiamo con tanto affetto.
In attesa di tue notizie, ... abbraccio affettuosamente.
Pierre

16. Completate con i pronomi

Decalogo di un buon marito

1. Devi esaminar....... seriamente: se tra queste dieci qualità .... è una che .... appartiene (aggressivo, arrogante, autoritario, bugiardo, contestatore, egoista, impulsivo, prepotente, schiavizzante o violento) non saresti un buon marito; per esser........, ... dovresti subito dare da fare.
2. Non essere prevenuto contro tua moglie; devi creder........, stimar......... ed amar........ come la creatura più amabile, non .... è stata donata dal caso, ma .... sei scelta come la migliore compagna della tua vita.

3. Se tua moglie non .... sembra più quella di prima, ... devi esaminare bene con gran sincerità: forse sei cambiato ....
4. Devi condividere con .... tutti gli oneri della casa, e se .... chiede, anche quelli di sua specifica competenza.
5. Dinanzi a tuoi eventuali sbagli, devi comportar....... umilmente nel riconoscer......: il miglior modo per essere da .... perdonato e chieder........ scusa.
6. Nell'educazione dei figli ambedue avete pari diritti e doveri; ma se capisci che in qualcosa .... ha più esperienza di .... devi ceder......... umilmente il campo.
7. Nella gestione economica della casa .... devi ricordare che .... è quasi sempre più capace di .... Ha bisogno però della tua fiducia.
8. Non cedere mai alla rabbia tentando di corregger........ con violenza. .... devi rispettare. Ricorda: la donna non si colpisce neanche con un fiore.
9. Nelle discussioni non rimettere mai in ballo il passato, ... devi seppellire nel dimenticatoio.
10. Non .... permettere di umiliar....... in presenza di estranei o dei figli: guasteresti tutto e forse irrimediabilmente

adattato da *Il calendario di Frate Indovino*

17. *Completate con i pronomi e le particelle appropriate.*

Marco: "Uffa! .... sono molte persone che non sanno far....... gli affari propri e .... intromettono negli affari degli altri."

Katia: "........ credo, perché recentemente è successa anche a .... una cosa del genere. Non .... vado mai a casa della mia vicina, ma un giorno .... sono andata proprio per necessità. .... ero tagliata con un coltellaccio e .... ero impressionata molto perché la ferita era profonda: la testa .... girava e sentivo un ronzìo come fosse un motore d'aereo, cominciavo a non veder........ più. Allora ho pensato che non .... era più tempo da perdere e .... sono precipitata al campanello della vicina. .... ho suonato molte volte finché .... ha aperto una donna sulla cinquantina che .... ha afferrato dalla vita prima che svenissi, ... ha portato in casa, facendo......... stendere sul divano. Quando .... sono riavuta, ... sono ritrovata col dito fasciato e con in mano un bicchiere di acqua e zucchero; .... ho bevuto un sorso. e fin qui tutto bene. Poi la signora ha cominciato un interrogatorio: Signorina, come .... chiama? In questo appartamento da quanto tempo .... abita? Come .... trova

qui? Perché non .... è fatta vedere prima? È fidanzata? Dove studia? Deve raccontar......... la sua storia. Voglio conoscer......... da cima a fondo! Venga spesso a parlare con .... Eccetera!
Dopo mezz'ora di bombardamento .... sono alzata ancora più confusa di prima e .... sono andata con un solo desiderio: quella donna non volevo più sentir......... né veder.......... . Appena rientrata in casa mia ho preso l'elenco telefonico e ho memorizzato il numero del pronto soccorso pensando: la prossima volta chiamerò il 113.
Marco: "Che .... vuoi fare, cose che capitano! La mia storia .... racconto un'altra volta. Tu non .... ascolti mai!

palestra italiana

preposizioni

1. *Completate con le preposizioni semplici appropriate.*

1. Questo libro è .... Marco.
2. Ho un bel regalo .... Francesco.
3. Vado .... America .... trovare i miei zii.
4. Andiamo .... Roma .... Lucia.
5. Che cosa hai .... borsa?
6. Non stare .... piedi, accomodati!
7. È francese ma non vive .... Francia.
8. Sono francese, vivo .... Parigi.
9. Sono inglese, vengo .... Londra.
10. Dove sei? .... casa .... Andrea.
11. Oggi riportiamo questi libri .... Giovanni.
12. Il regalo .... Francesco mi è piaciuto molto.
13. .... Livia ho ricevuto un bel regalo.
14. È vicino! Puoi andare .... piedi.
15. È tardi, devo tornare .... casa.

2. *Completate con le preposizioni semplici appropriate.*

1. Luisa abita .... Via Verdi.
2. Tu vivi .... Toscana? .... Firenze?
3. Ora i miei cugini abitano .... Londra.
4. La nonna abita .... quell'isola .... marzo.
5. Elisabetta abita .... sola .... un appartamento molto piccolo.
6. Non mi piace abitare .... periferia.
7. Luiz vive .... inverno .... Brasile, ... estate .... Italia.
8. Non abitano più .... Olanda, ora vivono .... Italia.
9. Paul vive .... una piccola cittadina.
10. Vorrei vivere .... un paese molto ordinato e pulito.

3. Completate con le preposizioni appropriate.

Andrea va

- .... montagna con gli amici
- .... piscina a nuotare
- .... casa a piedi
- .... posta per fare un versamento
- .... bar per prendere un caffè
- .... Roma in aereo
- .... discoteca tutti i venerdì
- .... ristorante ogni domenica
- .... teatro con la sua ragazza
- .... stazione a fare i biglietti
- .... medico perché ha mal di testa
- .... aeroporto a prendere un amico
- .... Madrid in vacanza ogni estate
- .... Argentina a trovare i parenti
- .... dentista perché ha mal di denti

4. Completate con le preposizioni appropriate.

Alain viene

- .... Bruxelles .... seguire un corso .... lingua italiana
- .... centro .... l'autobus
- .... gita .... noi
- .... macchina perché abita .... periferia
- .... piedi perché abita .... due passi .... qui
- .... Londra a Reggio Calabria .... aereo
- .... giornalaio .... me
- .... noi ogni Natale .... sua sorella

5. Completate con le preposizioni semplici appropriate.

1. Ieri sono andata .... vedere il film .... Marcello Mastroianni.
2. La sorella .... Lucia ha quattro anni, ma ne dimostra sei.
3. Oggi andrò .... studiare .... Lidia.
4. La città .... Roma sorge .... sette colli.
5. Ieri sono andata .... Giusy .... la bicicletta.
6. Ho aspettato Marco .... un'ora, alla fine sono uscita .... sola!

7. .... sette giorni Diego andrà .... Torino.
8. L'aereo parte .... venti minuti.
9. Quando vai .... trovare i tuoi parenti?
10. Mentre vado .... scuola, incontro sempre il fratello .... Luca.
11. L'amica .... Rosa viene .... Londra.
12. Il gattino è andato .... un albero.
13. I miei genitori vanno .... Milano .... i loro amici.
14. .... andare .... Australia ti serve il passaporto.
15. .... qualche giorno arrivano i miei amici .... Torino.

6. *Scegliete il gruppo di preposizioni appropriato.*

1. Il nipote .... Giulio è andato .... bar .... comprare un chilo .... bignè .... festa .... nonno Giuseppe.
   a. di - allo - a - di - per la - del
   b. di - al - per - di - alla - del
   c. di - al - per - di - per la - del
2. Ho detto .... mio fratello .... venire .... trovarci .... più presto perché abbiamo bisogno .... lui.
   a. a - a - a - a - di
   b. a - di - di - con - di
   c. a - di - a - al - di
3. Mi ricordo sempre .... miei studenti, specialmente .... quelli più simpatici.
   a. dei - di
   b. dei - dei
   c. di - di
4. Ho presentato .... segreteria tutti i documenti necessari .... poter frequentare un corso .... italiano .... Università .... Stranieri.
   a. in - per - per - dell' - per
   b. a - a - in - dell' - per
   c. in - per - d' - all' - per
5. Ieri è venuto .... casa mia il fratello .... Giulio: voleva un consiglio .... me .... programma Erasmus.
   a. in - di - con - nel
   b. a - di - da - sul
   c. a - del - di - del

7. Completate con le preposizioni (semplici e articolate) appropriate.

1. Simone è .... vacanza .... mare, Carlo .... montagna.
2. Maria è .... un gruppo .... amici .... bar.
3. Vado spesso .... estero .... lavoro.
4. Vengo .... scuola .... autobus.
5. Esco .... macchina .... un'amica.
6. .... Firenze abbiamo fatto un giro .... centro.
7. Andiamo .... Spagna, ... Madrid, ... imparare lo spagnolo.
8. .... solito esco .... casa .... 10.30.
9. Non salgo .... quarto piano .... piedi!
10. Angela è greca, è .... Atene.
11. Antonio è italiano, viene .... Milano.
12. Domani andiamo .... stadio .... la partita.
13. Le chiavi .... casa sono .... tavolo.
14. .... autobus ci sono rimasti solo posti .... piedi. Preferisco andare .... piedi!
15. Ho dimenticato .... casa le chiavi .... ufficio.

8. Completate con le preposizioni appropriate.

1. La stanza .... nonna profuma .... lavanda.
2. Vado .... Venezia .... visitare Piazza S. Marco.
3. .... 10 andiamo sempre .... bar .... bere un caffè.
4. Devo scrivere una lettera .... miei genitori .... avvertirli che partirò .... il treno .... 7.
5. .... inverno mi piace stare .... casa .... leggere un libro, ... ascoltare musica, ... guardare la televisione, ... giocare .... carte .... amici. Qualche volta vado .... discoteca, ... pizzeria o .... cinema.
6. Oggi andrò .... dentista perché ho mal .... denti.
7. Non posso invitarti .... pranzo perché ho molto .... studiare.
8. Maria è la ragazza seduta .... Alice e Sandra.
9. .... marzo partirò .... gli Stati Uniti .... i miei zii.
10. .... un mese verrà .... Nepal un altro gruppo .... studenti.

11. La casa .... Lucia è immersa .... un giardino .... oleandri e limoni.
12. Luca è un giramondo: arriva oggi .... Olanda, si ferma .... Roma qualche giorno poi parte .... l'Argentina.
13. Marina ha abitato .... Londra, ... tre mesi; ha lavorato .... studio .... un architetto.
14. I miei nonni hanno vissuto .... molti anni .... Brasile, ... città .... San Paolo.
15. .... Murano puoi comprare bellissimi oggetti .... vetro.

9. *Completate con le preposizioni appropriate.*

1. .... due giorni torno .... casa, ... Giappone.
2. Cristina viene .... Roma.
3. Io abito .... Venezia .... campo San Tomà.
4. I miei zii partono stasera .... Taormina.
5. Io vengo .... Francia. E tu, ... dove vieni?
6. Abito .... una mia amica .... Firenze.
7. .... casa mia ci sono molti libri.
8. .... pranzo andiamo tutti .... Cettina.
9. Oggi rimango .... casa .... studiare un po'.
10. Stasera .... televisione c'è un bel film .... fantascienza.
11. Vado a fare un giro .... centro.
12. Chi viene .... ballare .... discoteca .... noi?
13. Preferisco viaggiare .... solo.
14. Finora ho fatto un solo viaggio .... aereo, ... Londra .... Roma.
15. Il mio amico mi aspetta .... capolinea.
16. Rimango .... te .... qualche giorno.
17. Prendo la pianta .... città e me ne vado .... giro .... centro storico.
18. Abito .... una nuova casa .... pochi mesi.
19. .... questa città ci sono molte chiese.
20. La mattina prendo il caffè .... otto ed esco .... casa.
21. Preferisco venire .... Siena .... treno.
22. Se andiamo .... montagna rischiamo .... trovare brutto tempo.

23. Siamo .... ritardo, non faremo .... tempo .... lo spettacolo .... 6.
24. Dopo pranzo vengo .... prendermi il libro .... casa tua.
25. .... banchi ci sono i libri .... restituire .... biblioteca.

10. Completate la seguente lettera con le preposizioni appropriate.

Zurich, 19 settembre 20...

Caro Marco,
sono arrivato .... Svizzera solo .... due giorni e già sento tanta nostalgia .... tuo bellissimo paese. La Calabria è davvero una regione ricca .... bellezze naturali : il mare è azzurro e limpido e la montagna selvaggia e incantevole. Spero proprio .... poter presto tornare .... te .... una nuova vacanza. Tu però, non dimenticare che mi hai promesso .... venirmi .... trovare .... qualche mese. .... me rivedere te qui .... Svizzera sarà come rivedere i miei amici italiani e il tuo paese. .... te potrò parlare italiano e, guardando le numerose foto, rivivere i bei momenti passati insieme.
.... la speranza .... rivederci presto,
ti abbraccio
Karin

11. Completate con le preposizioni appropriate.

Esco .... 9 .... mattino .... prendere l'autobus e andare .... lavorare .... una fabbrica .... periferia .... città.
La mia casa si trova .... Torino e la fabbrica invece .... Alba. È un viaggio molto lungo e la sera torno .... casa .... 18.
Dopo una lunga e faticosa giornata posso mangiare .... mia famiglia e giocare un po' .... miei figli. Qualche volta usciamo .... fare la spesa o .... comprare vestiti e scarpe .... i ragazzi o semplicemente .... fare una passeggiata .... Corso.
La sera .... sabato, invece, andiamo .... cinema o .... discoteca perché vogliamo divertirci un po'.

12. Completate con le preposizioni appropriate.

Il sabato pomeriggio è quasi sempre una giornata noiosa. Nessuno ha tempo .... stare un po' .... me!

Anche sabato scorso la mamma, quando ha finito .... fare le faccende .... casa, è andata .... parrucchiere, come al solito.

Pure papà è andato .... barbiere .... farsi tagliare i capelli.

Intanto io facevo i compiti.

Più tardi è venuta la sarta, che ha misurato un vestito .... mamma. È un vestito di seta .... il matrimonio .... Lucia, mia cugina. .... papà è piaciuto molto. Io mi sono annoiato: .... mattina .... scuola, ... pomeriggio .... casa. Che barba!

13. Completate con le preposizioni appropriate.

Il picnic sull'erba

La famiglia Zerbini, dopo aver fatto picnic .... prati, si prepara .... rientrare .... città. Il signor Zerbini, che è amante .... natura e .... ordine, raccomanda .... altri Zerbini (la moglie e i figli) .... non lasciare .... giro cartacce:

- Sistematele .... benino. Non tutte .... un mucchio. Guardate .... quel cespuglio: non ci avete messo neanche un bicchiere .... carta. Su, su, che ogni albero abbia la sua parte. Non facciamo parzialità. I tovaglioli sporchi lì, sotto quella quercia. Le bottiglie vuote sotto quel castagno. Così: oh, che bello! Le bottiglie vuote sono tre: una .... birra, una .... aranciata e la terza .... acqua minerale. .... piedi del castagno fanno un delizioso gruppetto.

I bambini vorrebbero farci un po' .... tiro .... segno .... le pietre, ma purtroppo non c'è tempo: bisogna infilarsi .... auto .... la radio .... tutto volume, salutare i boschi e i prati .... un gaio strombettìo e ripartire .... la città.

da *Novelle fatte a macchina* di Gianni Rodari

14. Completate con le preposizioni (semplici e articolate) appropriate.

Arrosto di vitello

Ingredienti .... 6 persone :

1 Kg. .... polpa .... vitello, 3 dl. .... latte, 50 gr. .... pancetta tagliata .... una sola fetta, una foglia .... alloro, 20 gr. .... burro, 3 cucchiai .... olio .... oliva extravergine, sale, pepe.

Tagliare la pancetta .... striscioline; .... l'apposito ago, oppure .... un coltellino .... lama molto sottile, praticare piccoli fori .... carne .... vitello e inserirvi le striscioline .... pancetta. Legarla quindi .... uno spago .... cucina e insaporirla .... sale e pepe.

.... una casseruola fare scaldare l'olio e il burro .... la foglia .... alloro, adagiarvi la carne e farla rosolare .... fuoco vivace, facendola dorare .... tutte le parti. Versare il latte e continuare .... fuoco moderato, coprire il tegame, ... un'ora circa. Rigirare .... tanto .... tanto la carne. .... cottura ultimata, eliminare la foglia .... alloro, scolare l'arrosto .... vitello e tenerlo .... caldo. Servire l'arrosto caldo, accompagnandolo .... la salsa .... cottura e, ... piacere, ... patate arrosto e legumi .... stagione.

15. Completate con le preposizioni (semplici e articolate) appropriate.

La "bruschetta" era un pasto .... poveri; oggi è diventata una rara golosità e un piatto salutare .... le persone con problemi di pressione. È .... un gusto eccezionale, se preparata scrupolosamente così: si tagliano fette .... pane casereccio, si abbrustoliscono lentamente .... brace .... legna .... alloro, ... olivo o .... quercia; le fette ancora calde si sfregano .... uno spicchio .... aglio, si cospargono .... un po' .... sale e .... abbondante buon olio .... oliva.

da *I consigli di Frate Indovino*

16. Completate con le preposizioni appropriate.

Vecchie e nuove superstizioni

.... notte .... tempi l'umanità cerca .... proteggersi .... ignoto ed è quindi carica .... strane usanze e mille superstizioni. La superstizione domina anche il lavoro .... donne .... cucina; alcune donne credono infatti che mescolare le pietanze .... rovescia (........... senso antiorario) possa compromettere la loro riuscita. .... non parlare poi .... coltello, l'oggetto più legato .... superstizione, che essendo .... ferro lo si ritiene capace .... proteggere .... diverse specie .... mali. .... tavola, ... esempio, se due coltelli si incrociano .... caso predicono un imminente litigio. Ancora si pensa che il pane che non si gonfia .... forno è presagio .... un disastro poiché si crede, ... tutt'oggi, che il diavolo si nasconde .... pane non lievitato. Ecco infatti perché molti praticano .... croci .... pane.

17. Completate con le preposizioni, se necessario.

1. Apparecchia la tavola: metti una bottiglia .... centro del tavolo.
2. Sono andato .... centro a comprare le scarpe.
3. Sono andato .... centro terapeutico per curarmi i reumatismi.
4. La lesione ha colpito .... i centri nervosi.
5. Quella bambina vuole stare sempre .... centro dell'attenzione.
6. Hai fatto .... centro ! Hai vinto!
7. Olivia insegna .... un centro linguistico.
8. Abito .... centro storico.
9. L'autobus parte .... centro della piazza.
10. C'è un obelisco .... centro di piazza san Pietro.

18. Completate con le preposizioni appropriate.

1. .... mattina vado all'università, ... pomeriggio studio.
2. Lavora molto .... mattina .... sera.
3. I giardini sono aperti .... alba .... tramonto.
4. I treni viaggiano .... giorno e .... notte.
5. Fra i cosmetici ci sono creme .... giorno e creme .... notte.

19. Completate con le preposizioni appropriate.

L'arredamento di casa

L'arredamento .... una casa è come un vestito, deve proteggere ed essere confortevole. Certo, le stanze devono rispondere .... criteri .... praticità, ma altrettanto importante è la cura .... quei particolari che fanno la differenza .... una stanza .... albergo, bella ma fredda, ed una casa personale, calda e confortevole. Così come .... scelta .... un abito tendiamo .... mescolare piccoli dettagli .... stili differenti, lo stesso dovremmo fare .... scelta .... arredo. Arredare una casa .... successo significa trovare il giusto equilibrio .... stile e funzionalità, ... ciò che è .... moda e ciò che è confortevole. Lo stile, infatti, si crea autonomamente, mescolando oggetti che già possediamo .... altri che acquisteremo ed attingendo .... libertà .... quanto .... meglio viene offerto .... mode presenti e passate.

da *Selezione del Reader's Digest*

20. Completate con le preposizioni appropriate.

Casalinghe

Le casalinghe non si chiamano più così. Il loro nome è "responsabile .... acquisti". Un modo come un altro .... far capire .... industrie .... alimentari, abbigliamento, tempo libero e .... qualunque imprenditore collegato .... sociale quotidiano che la vera forza motrice .... economia sono loro.

Le responsabili .... acquisti .... il nuovo nome hanno anche acquistato una pensione che però le costringe .... acquisto forzato. I buoni .... loro Fondo Famiglia vengono infatti pagati .... industrie che li danno dopo ogni acquisto. La responsabile .... acquisti assomiglia .... un ciclista, più pedala e più è vicino .... vittoria. La nuova casalinga più compra e più si assicura l'avvenire.

Chi l'avrebbe detto che bastava una pensione .... far felici donne e imprenditori.

adattato da *Selezione del Reader's Digest*

21. *Completate con gli articoli e le preposizioni appropriate.*

Reggio e i Bronzi di Riace

C'è chi si mette .... viaggio .... Reggio Calabria solo .... far visita .... celeberrimi Bronzi .... Riace. .... due splendide statue .... guerrieri greci, rinvenute .... 1972 .... largo .... Riace e oggi ospitate .... Museo Nazionale insieme .... altri preziosi reperti .... Magna Grecia, rappresentano .... effetti .... maggiore attrazione cittadina, ma non certo .... unica.
Fiorente colonia .... Magna Grecia, purtroppo Reggio è stata più volte distrutta .... terremoti e .... monumenti più antichi resta ben poco: qualche rudere greco, resti .... mura ciclopiche .... V sec. A.C. e .... Castello Aragonese. .... angolo più suggestivo .... città è comunque .... Villa Comunale che .... origine era .... giardino botanico .... piante esotiche ed essenze rare, dove .... calde sere .... estate si passeggia immersi .... profumo .... gelsomini.

da *Meridiani*

22. *Completate con gli articoli e le preposizioni appropriati.*

La leggenda di re Laurino

.... delle più antiche leggende altoatesine ha ispirato .... concorso che mette .... palio .... vacanza .... due settimane .... due persone .... località turistica .... Alto Adige, ... scelta, ... tutta la vita. .... leggenda è quella .... re Laurino, ... re .... Dolomiti, che rapisce .... bella principessa Kuhnhilde e decide .... portarla .... sé .... castello sotterraneo .... Rosengarten, ... giardino .... Rose .... Dolomiti. Ma Dietlieb, ... fratello .... principessa, riesce .... catturare .... Re che, ... sua volta, getta .... maledizione .... roseto trasformandolo .... pietra. Ma .... tramonto .... roccia si accende .... rosso regalando .... splendido panorama.

adattato da *Grazia*

palestra italiana

pronomi relativi

1. Completate con le forme appropriate.

1. Solo i tuoi amici possono darti l'aiuto .... hai bisogno.
2. È importante conservare le tradizioni .... ci hanno tramandato i nostri nonni.
3. Il rumore .... proveniva dal giardino era davvero sospetto.
4. L'armonia .... si esprime con il canto è paragonabile a quella espressa dal ballo.
5. Il magazzino .... mi trovavo era stracolmo di vestiti.
6. Scegli una cravatta .... si abbini al vestito.
7. Lo scrittore, ... abbiamo appena letto la biografia, è stato premiato.
8. Il simbolo dell'associazione ambientalista, ... mi sono iscritta, è uno scoiattolo nero in campo verde.
9. Il numero, ... avevamo puntato, è stato estratto sulla ruota di Cagliari.
10. I calcoli .... ti sei basato si sono rivelati sbagliati.

2. Completate con le forme appropriate.

1. I viaggiatori .... non hanno il biglietto dovranno pagare una multa.
2. Il parrucchiere, ... ti ho parlato, ha aperto un nuovo negozio.
3. L'albergo, ... sono stata in vacanza, era di prima categoria.
4. Il motivo .... non sono venuta lo sai bene.
5. Linda è una ragazza .... si ha sempre voglia di parlare.
6. La città .... abito è molto caotica.
7. Il Paese .... proviene Christofer è la Danimarca.
8. Sì! È questo il libro .... ho copiato il brano! Mi hai scoperto!
9. Quella è l'attrice .... è stato consegnato ieri l'Oscar.
10. Il tappeto .... ora giocano i bambini era della zia.
11. Gli studenti, ... hai dato un buon voto, sono molto diligenti.

12. Il tavolino .... hai messo le chiavi l'ho comprato da un antiquario qualche anno fa.
13. La casa .... vedi su quella collina è di Lidia.
14. Gli operai di quella fabbrica .... c'è anche Marco hanno scioperato.
15. La ditta .... lavoro sta per fallire.

3. *Completate con le forme appropriate.*

1. Ho trovato un articolo interessante sul giornale .... hai comprato ieri.
2. Lo scompartimento .... eravamo sedute io e mia sorella era riservato ai non fumatori.
3. La ragazza .... canta in italiano è arrivata a Reggio due giorni fa.
4. Ho dimenticato a scuola il pennarello .... avevo scritto alla lavagna.
5. Il ragazzo .... sei uscito ieri è mio cugino.
6. Il signore .... ho dato le indicazioni era straniero.
7. L'aereo .... hanno fatto vedere le immagini in TV è precipitato per un'avaria al motore.
8. Conosci quel ragazzo .... è stato assunto come magazziniere alla Olivetti?
9. Il Gattopardo, ... Luchino Visconti ha tratto il famoso film, narra le vicende di un'illustre famiglia siciliana.
10. Le delusioni più profonde si hanno dalle persone .... si ammirano di più.

4. *Le frasi che seguono sono sbagliate. Riscrivetele usando le forme relative appropriate.*

1. La persona che sei andato al cinema l'altro ieri è un mio vecchio amico.
2. Mi fai leggere quel libro che mi hai tanto parlato?
3. Questo è il cantante che ho ascoltato l'ultimo CD.
4. Sai qual è il motivo che Maria non vuole uscire più con noi?
5. La mia è una storia che ti parlerò con calma.
6. Giorgia è l'amica che racconto tutto.
7. Questa è la casa che ti ho parlato.
8. Ecco il ristornate che servono una pizza buonissima.
9. Ti ricordi la scuola che andavamo da piccoli?
10. La finestra che ho visto l'incidente è questa.

5. *Le frasi che seguono sono sbagliate. Riscrivetele con le forme relative appropriate.*

1. La botte, la quale ho riempito di vino, è di rovere.
2. Questa è una chiave speciale con la cui posso aprire tutte le porte dell'albergo.
3. Il panorama il cui si vede dalla finestra della tua camera è stupendo.
4. Giorgio, il ragazzo con quale sono uscita ieri, è il cugino del mio insegnante di matematica.
5. Il metodo d'insegnamento cui usa il tuo professore è moderno ed efficace.
6. Le indagini, di cui la polizia ha svolto con tanto impegno, hanno avuto successo.
7. Questo cane, al cui ho comprato un guinzaglio nuovo, è un trovatello.
8. La macchina fotografica, con quale ho scattato quelle foto, è digitale.
9. Giovanna è una persona della cui non mi fido.
10. Il mio capoufficio, con quale lavoro da anni, è troppo esigente.

6. *Formate una sola frase usando il pronome relativo.*

1. Con questa nave siamo andati a Malta l'estate scorsa.
   Su questa nave navighiamo da mezz'ora.
2. Il professore Marchetti è stato trasferito.
   Col professore Marchetti ho discusso la mia tesi di laurea.
3. L'argomento sarà l'oggetto della discussione in riunione.
   Ti ho esposto l'argomento.

4. Quando ho messo in moto l'auto mi sono accorto che non funzionava bene.
   L'auto l'avevo noleggiata il giorno prima.

   ....

5. Si disperò quando vide bruciare la villetta.
   Per la villetta aveva lavorato tutta una vita.

   ....

6. L'ape volò via dal fiore.
   Dal fiore aveva succhiato il nettare.

   ....

7. Hai letto quell'articolo del giornale?
   In quell'articolo erano riportate le proiezioni della Borsa.

   ....

8. Sono ritornato in Sicilia nei luoghi narrati da Giovanni Verga.
   Nei luoghi narrati da Giovanni Verga la vita sembra essersi fermata.

   ....

9. La frutta è senza dubbio geneticamente modificata.
   Ieri ho comprato la frutta.

   ....

10. La città è Roma.
    Abito a Roma.

    ....

7. *Collegate la parte in A con la parte in B con la forma appropriata.*

A	B
1. Di che razza è il cane...	a. .... una spilla con rubino.
2. Chi ha preso l'accendino...	b. .... avevo messo sul tavolo?
3. Mia sorella possiede tanti bei gioielli antichi...	c. .... avevo scritto il numero di Alessandro.
4. Abbiamo dovuto mettere le zanzariere alle finestre...	e. .... i signori Comastri hanno regalato ai loro figli?
5. Ho perso il foglietto	d. .... danno sul giardino.

8. *Collegate la parte in A con la parte in B con la forma appropriata.*

A		B
1. I ricordi...	a.	...... sono in contatto da mesi mi ha finalmente trovato casa.
2. La città...	b.	...... lavoro produce articoli sportivi.
3. La borsa di pelle	c.	.... sono più legata sono quelli della mia infanzia.
4. L'azienda	d.	.... ti ho mandato la cartolina si trova a nord di Madrid
5. L'agenzia	e.	.... ho comprato a Istambul si è rotta subito.

9. *Completate con le forme appropriate.*

I Bronzi di Riace premiano Mariottini

I giganteschi guerrieri, ... sono venuti dal mare e .... sono stati restituiti alla civiltà dopo venticinque secoli, costituiscono una scoperta di grandissima portata storica.

Stefano Mariottini, il sub .... furono ritrovati, fu contestato per un certo periodo da quattro ragazzi, ... lo accusavano di falso, ma alla fine la verità trionfò e potè incassare il premio previsto .... fa importanti scoperte archeologiche: 92 milioni di lire.

I Bronzi, ... si è parlato tanto e .... sono stati già visitati da migliaia di visitatori, sono ora considerati l' "ottava meraviglia del mondo".

10. *Completate con le forme appropriate.*

Quando insegnavo alle elementari, durante una lezione sulle scoperte geografiche, stavo cercando di spiegare ai bambini di sette anni le difficoltà .... dovevano affrontare gli antichi marinai. Parlai dei mesi interminabili a bordo di una nave, senza che nessuno sapesse se avrebbe trovato terra o se sarebbe riuscito a tornare in patria; le malattie .... non esistevano cure ; la fame .... avrebbero sofferto se il cibo si fosse guastato o finito; i capricci del vento, ... dipendeva la velocità di navigazione. Uno degli scolari, ... stava ascoltando con molta attenzione, osservò: "Perché non hanno preso l'aereo?"

da *Selezione del Reader's Digest*

tu o lei?

1. *Trasformate i seguenti mini-dialoghi dal "tu" al "Lei".*

1. *Marta:* Hai capito la lezione che il professore ha spiegato oggi?
   Diego: Sì, ma è meglio se mi dai i tuoi appunti perché non ho scritto tutto.
2. *Marco:* Senti, mi permetti di fare una telefonata?
   Teresa: Prego, fa' pure!
3. *Stefano:* Tu prendi sempre l'autobus per andare all'università?
   Sandro: Molto spesso. E tu come ci vai?
4. *Carlo:* Scusa, mi sai dire dove si trova la farmacia?
   Sergio: Certo! Prima devi andare 100 metri avanti, poi gira a destra e la vedi.
5. *Alessandro:* Scusa, non riesco a mandare questa e-mail, mi puoi aiutare?
   Lorenzo: Certamente! Prima di tutto però, salva il testo!

2. *Riscrivete la lettera tenendo conto del nuovo destinatario e facendo tutti i cambiamenti necessari.*

Caro Giulio,
ho ricevuto con grandissimo piacere la tua lettera. Sono felice che tu stia bene e che ti sia trovato un nuovo lavoro.
Ho saputo che questa nuova attività ti va molto bene, anche se non mancano i contrasti con il tuo nuovo socio. In questo nuovo ambiente, completamente diverso da quello precedente, ti trovi con persone più disponibili, che ti stimano e collaborano fattivamente con te. Mi auguro, sinceramente, che in questa nuova attività tu possa realizzare i tuoi sogni e mettere in luce le tue capacità. Io mi sto preparando per gli esami e devo dirti che i tuoi suggerimenti e consigli mi sono stati di grande utilità. Sai meglio di me che guadagnare tempo è una vera fortuna!
Ho trovato in libreria il volume che mi hai consigliato: davvero bello!
Ora ti devo lasciare. Rispondimi appena puoi.
Ti abbraccio,
tuo Nicola

Gentile signor Giulio, ...

3. *Riscrivete la lettera tenendo conto del nuovo destinatario e facendo tutti i cambiamenti necessari.*

Caro Francesco,
ti scrivo questa lettera per informarti dei miei programmi per il prossimo futuro. Spero di venirti a trovare insieme a Cristina e di portarti i documenti che ti ho promesso tanto tempo fa, in modo che tu possa preparare il tuo intervento al prossimo Convegno. Mi permetto di chiederti gentilmente, se vedi il dottor Giuliani, di porgergli i miei saluti e dirgli che gli manderò presto un fax. Inoltre, ti sarò grato se potrai prenotarmi una camera matrimoniale all'Albergo Ausonia per il 3 ottobre: verrò insieme a Cristina che sarà felice di trascorrere delle belle giornate con tua moglie. Dei dettagli ti parlerò di persona quando sarò lì.
Ora ti lascio e ti saluto cordialmente,
Luciano Cosmati

Gentile signor Francesco, ...

4. *Riscrivete la lettera tenendo conto del nuovo destinatario e facendo tutti i cambiamenti necessari.*

Caro Diego,
a conclusione delle "quattro giornate", desidero esprimerti il mio più vivo apprezzamento per l'ideazione e la realizzazione di esse. Rinasce con te la vocazione culturale della città, un tempo così viva, che accresce la sua vitalità, esalta il suo ruolo. Sembrava a tanti una sfida impossibile, ma la tua voglia di farcela ha vinto sulla pigrizia, sui limiti, sulla mediocrità, sulla mancanza di coraggio.
Ci hai fatto sognare, accendendo una speranza per tutti noi. Contro gli sciocchi hai dimostrato che, con l'umiltà e l'impegno, la politica si può cambiare. Hai superato l'ideologia, lanciandoti a capofitto nel recupero della memoria collettiva con capacità e inventiva.
Hai vissuto due volte: per te e per quelli che sono contro di te. Di certo ti attende un duro lavoro, ma ti accompagnano la stima e l'affetto di molti.
Con molti rallegramenti

Il sindaco

adattato da *Il giornale di Calabria*

Gentile Assessore, ...

5. *Riscrivete la lettera tenendo conto del nuovo destinatario e facendo tutti i cambiamenti necessari.*

Signore, mi parli di Sua madre, per favore, La ascolto.
Lasci stare i fatti curiosi. Mi parli soltanto di quelli più semplici, come quelli di rimboccare le lenzuola o di dare l'ultimo bacio della sera, di quando La rimproverava, severa, per un Suo capriccio. Di quando Le riempiva le orecchie e gli occhi di sapone. Di certo ricorda tanti fatti.
Ricorda la sua voce dolce, qualche volta ansiosa, magari per un semplice raffreddore.
Mi parli di Sua madre quando La accompagnava a scuola e La teneva per mano, o Le insegnava a reggere la penna.
Di quante cose può parlare: io L' ascolto.
Cominci dal principio. Cerchi nei giorni più lontani, le cose care che non si possono dimenticare, le cose che tutte le mamme fanno, e che riempiono il cuore di gioia e di affetto.
Mi regali un Suo ricordo. Non più di un ricordo.
Io, la mamma l'ho persa il giorno in cui sono nato.

adattato da *Annabella* di Carlo Manzoni

Ragazzo mio, ...

palestra italiana

uso dei tempi

1. *Completate con la forma verbale appropriata scegliendo fra quelle proposte.*

1. Quando incontro il mio amico Luca, mi *offre / ha offerto* sempre da bere.
2. Maria mi *è stata / è* molto simpatica. La vedo sempre con piacere.
3. Non *sopporto / ho sopportato* chi parla ad alta voce.
4. Il treno per Pisa *è partito / parte* ogni giorno alle 9 e *arriva / è arrivato* a Genova in orario.
5. Quando *parlo / ho parlato* con persone presuntuose *perdo / ho perso* sempre la pazienza.
6. Marco è piuttosto stonato. Infatti *canta / ha cantato* solo sotto la doccia.
7. Se *guardi / hai guardato* i difetti altrui non scopri i tuoi.
8. Roba da matti! *Vuoi / hai voluto* sempre avere ragione!

2. *Completate con le forme verbali appropriate dei verbi tra parentesi.*

Un appartamento davvero bizzaro!

Al piano di sopra (abitare) .... una famiglia di tre persone: padre, madre e figlio. Noi tutti (sapere) .... quando qualcuno degli inquilini dell'appartamento sopra al nostro (rientrare) .... in casa. (Noi - avere) .... un segnale sicuro: l'appartamento di sopra (essere) .... identico al nostro, e l'anticamera (essere) .... proprio sopra la nostra. Quando qualcuno (entrare) .... nell'appartamento di sopra (staccarsi) .... dei pezzi di intonaco dal soffitto della nostra anticamera.
Il padre (essere) .... quello che (pesare) .... di più. Quando (entrare) .... il padre, e questo (avvenire) .... due volte al giorno, (staccarsi) .... quattro pezzetti di intonaco. Quando (entrare) .... la madre (staccarsene) .... tre. Quando (entrare) .... il figlio (staccarsi) .... un pezzetto solo. Io (guardare) .... nel solito posto e (vedere) .... cinque pezzetti di intonaco sul pavimento della mia anticamera. (Sapere) .... che (entrare) .... il padre insieme al figlio. Se i pezzetti di intonaco (essere) .... sette, (entrare) .... il padre e la madre. Se (essere) .... quattro (potere) .... essere entrato il padre, oppure la madre e il figlio. Speriamo che il soffitto non cada mai!

3. *Completate con le appropriate forme verbali dei verbi tra parentesi.*

1. Dovresti comprarmi i francobolli per le lettere che (io - scrivere) .... ieri.
2. Sto rispondendo alla lettera che (io - ricevere) .... due giorni fa.
3. Ieri sera non (potere) .... andare al cinema con Marta perché (dovere) .... studiare.
4. Signorina Martina, (volere) .... assaggiare la crostata che (io-preparare) ....?
5. Qualche giorno fa (io - telefonare) .... a Lucia e le (dire) .... della festa di domani.
6. Marta, ora (io - uscire) ...., (io - andare) .... a ritirare i libri che (io - ordinare) .... per te.
7. Luisa (raccontare) .... un sacco di bugie; non devi credere a niente di quello che (dire) ....
8. La settimana scorsa gli studenti della Scuola Media 'Montalbetti' (fare) .... la gita in Umbria che (loro - programmare) .... tanto tempo fa.
9. Ieri (io - andare) .... al ristorante con mio marito perché (essere) .... l'anniversario del nostro matrimonio.
10. Uffa! (Io - aspettare) .... da due ore ! Massimo ancora non (arrivare) ....!

4. *Completate con le forme verbali appropriate dei verbi tra parentesi.*

Una giornata al mare

Caro diario, ieri (essere) .... una giornata fantastica. La mattina (io - alzarsi) .... presto, (fare) .... colazione, (mettere) .... il costume e (andare) .... al mare. Lì (esserci) .... i miei amici che mi (aspettare) .... ed insieme a loro (fare) .... un giro in barca. Il mare (essere) .... limpido e calmo. Il cielo (essere) .... sereno e (fare) .... molto caldo. Dopo un'ora (noi-tuffarsi) .... in acqua e poi (stendersi) .... al sole su una spiaggia deserta. Per parecchie ore (ascoltare) .... la radio e giocato a pallavolo. Verso sera (decidere) .... di andare a pescare. (Salire) .... in barca e, mentre Marco (stare)

.... al timone e Lucio (occuparsi) .... del motore, io e la mia amica Elisa (stare) .... sedute a prua. Caro diario, come (essere) .... meraviglioso guardare i pesci che (guizzare) .... nell'acqua trasparente! I due ragazzi poi si sono messi a pescare e (prendere) .... una grande quantità di pesce che poi noi ragazze (friggere) .... Tutti, alla fine (abbuffarsi) ....!
Che bontà!

5. *Completate con le forme verbali appropriate dei verbi tra parentesi.*

Pasqua

(Essere) .... Pasqua. Anche il sole stamani (arrivare) .... per tempo: anzi con un certo anticipo. Anch'io (sentirsi) .... buono, più buono del solito. (Noi - essere) .... tutti un po' angeli, oggi. Mi (parere) .... quasi di volare, leggero come (essere) ....
(Io - uscire) .... di casa canticchiando. (Io - volere) .... bene a tutti. (Io - distribuire) .... saluti a destra e a sinistra.

adattato da *I poveri sono matti* di Cesare Zavattini

6. *Completate con le forme verbali appropriate dei verbi tra parentesi.*

Ieri e oggi

Luciano (desiderare) .... da tanto tempo andare a Scilla. Quando (essere) .... piccolo il nonno gli (raccontare) .... spesso delle lunghe giornate che lui e la nonna (trascorrere) .... al mare. L'acqua (essere) .... sempre limpida e calda, la spiaggia dorata. Luciano (volere) .... anche visitare il castello che (sorgere) .... su una roccia e che (ospitare) .... un interessante museo. Il nonno gli (parlare) .... anche di Chianalea, un pittoresco borgo di pescatori con le case costruite proprio sulla riva del mare. A Scilla, Luciano (volere) .... andarci un anno fa con degli amici di Roma, ma il giorno prima della gita, Francesco e Enrico (dovere) .... rientrare nella loro città. Ma ora, il nostro amico non (avere) .... intenzione di rinunciare a visitare il caratteristico paesino; domani (andarci) .... con Marta e Chris, due studenti stranieri che (conoscere) .... qualche giorno fa all'Università. (Essere) .... sicuro che piacerà molto anche a loro.

7. *Completate con le forme verbali appropriate dei verbi tra parentesi.*

Temporale

Proprio mentre (io - stare) .... in camera, un fulmine caduto più vicino degli altri (fare) .... saltare la luce. Invece di accendere la torcia (io - distendersi) .... sul letto. Fuori (esserci) .... lo scroscio della pioggia forte, le sferzate del vento, dentro (esserci) .... suoni diversi.

Con gli occhi chiusi, per un attimo la casa mi (parere) .... una nave, un grande veliero che (avanzare) .... sul prato.

La tempesta (calmarsi) .... soltanto verso l'ora di pranzo, dalla finestra della stanza (io - vedere) .... che dal noce (cadere) .... dei grossi rami.

adattato da *Va' dove ti porta il cuore* di Susanna Tamaro

8. *Completate con le forme verbali.*

Progetti per il futuro

Il mio mestiere è scrivere delle storie, cose inventate o cose che (ricordare) .... della mia vita, ma comunque storie, cose dove non c'(entrare) .... la cultura ma soltanto la memoria e la fantasia. Questo (essere) .... il mio mestiere, e io lo (fare) .... fino alla morte.

(Io - essere) .... molto contenta di questo mestiere e non lo (cambiare) .... per niente al mondo. (Io - capire) .... che (essere) .... il mio mestiere molto tempo fa.

Tra i cinque e i dieci anni ne (dubitare) .... ancora, e un po' (immaginarsi) .... di poter dipingere, un po' di conquistare dei paesi a cavallo e un po' d' inventare delle nuove macchine molto importanti.

Ma dopo i dieci anni (io - saperlo) .... sempre, e (arrabattarsi) .... come (io - potere) .... con romanzi e poesie.

adattato da *Le piccole virtù* di Natalia Ginzburg

9. *Formate delle frasi collegando ogni parte di A con quella corrispondente di B e inserite la forma verbale appropriata dei verbi tra parentesi.*

	A		B
1.	La settimana scorsa ho incontrato Giulio, un ragazzo	a.	d'estate, invece, (io - preferire) .... passeggiare nei boschi.
2.	Andrò a salutare Franco e Marcello	b.	che (io-conoscere) .... due estati fa in Corsica.
3.	Da bambino andavo spesso in montagna; d'inverno mi piaceva sciare,	c.	(noi-salutarlo) .... e insieme (noi-ricordare) .... gli anni del Liceo.
4.	Ieri abbiamo incontrato un nostro compagno di scuola,	c.	(io-promettere) .... a Maura di andare da lei.
5.	Domani non posso venire ad aiutarti:	e.	solo dopo che (io-finire) .... di verniciare la porta.
6.	L'anno scorso i miei genitori hanno visitato la città di Recanati	f.	che (lei-stendere) .... ieri sera.
7.	La signora Marta deve stirare i panni	g.	che (cercare) .... di deporre le uova.
8.	Sulla spiaggia ci sono tante tartarughe	h.	dove (nascere) .... Leopardi.
9.	I miei vicini di casa hanno già acceso il riscaldamento	i.	che (io-lasciare) sul tavolo?
10.	Chi ha spostato i documenti	l.	perché la loro casa (essere) fredda.

10. *Riscrivete il brano che segue in base al nuovo inizio.*
Fate tutti i cambiamenti necessari.

Autunno

È una bella serata di metà ottobre. I faggi hanno ancora le foglie e il sole è tiepido. I fiori si fanno più rari e le piante si spogliano delle loro foglie. I versi degli insetti sono meno numerosi e intermittenti. Nell'erba scorazza uno scarabeo; dei numerosi ragni che ci sono in agosto ne rimane forse uno. I moscerini danzano ancora nell'aria serena ma le rondini che, di solito, calano a mangiarseli, se ne vanno via. Il sole tramonta prima, enorme, lento e sonnolento e preannuncia cattivo tempo. Con il soffio del vento le foglie rosse e gialle dei faggi tremano.

adattato da Richard Adams

Era una bella serata...

11. *Completate con le forme verbali appropriate dei verbi tra parentesi.*

Cronaca cittadina

Protagonista della fuga per la salvezza un bellissimo pastore tedesco, forte abbastanza per potersi ribellare. La padrona del cane (lasciare) .... per più di un'ora chiuso nell'abitacolo l'animale ed (andare) .... con tutta calma a fare alcune commissioni. L'episodio (avvenire) .... di mattina, a Bologna, in via Bordini, che (trovarsi) .... poco lontano dalla Stazione centrale.

Il cane (abbaiare) .... a lungo all'interno della vettura, ermeticamente chiusa, e così (richiamare) .... l'attenzione di alcuni passanti che (avvertire) .... subito il 113. Nel frattempo, l'animale (pensare) .... da solo a liberarsi e (sfondare) .... il vetro della macchina con il muso.

All'arrivo dei poliziotti, il cane, spaventato e arrabbiato, (tentare) .... di scappare, ma gli agenti lo (catturare) .... e (accompagnare) .... al canile municipale dove i veterinari gli (medicare) .... le ferite riportate.

Per la padrona (esserci) .... prima gli inevitabili insulti di chi (assistere) .... alla scena, poi la denuncia da parte dei poliziotti per maltrattamenti nei confronti di un animale.

da *Il Corriere della Sera*

12. Completate con le forme verbali appropriate dei verbi tra parentesi.

Il Lungomare di Napoli

La passeggiata panoramica in riva al mare, oltre a (essere) .... una piacevole abitudine, (essere) .... una tradizione che i napoletani di oggi (ereditare) .... dai loro antenati. Ma il mare di Napoli non (essere) .... solo da (guardare) ....: nei giorni d'estate, nonostante i divieti, (affollarsi) .... di bagnanti e tutti i giorni dell'anno (fornire) .... gran quantità di pesce venduto sul Lungomare. Una passeggiata in Villa Comunale (permettere) .... di (unire) .... al piacere di una camminata nel Parco, la visita all'acquario più antico d'Europa. Nella vicina Villa Pignatelli infine, (esserci) .... degli stupendi arredi e decorazioni ottocentesche.

Guida alla città di Napoli, guida del *Corriere della Sera*

13. Completate con le forme verbali appropriate dei verbi tra parentesi.

Il Carnevale

Il Carnevale (avere) .... origini molto lontane; (avere) .... i suoi antenati nelle feste dell'antica Grecia dedicate al dio Dioniso e in quelle dell'antica Roma celebrate in onore di Saturno.

Ai giorni nostri (essere) .... la festa tradizionale che (precedere) .... immediatamente la Quaresima, tempo di digiuno e di penitenza per i cristiani, in preparazione alla Pasqua. Nei secoli passati, quando il popolo (dovere sottostare) .... senza fiatare al pesante giogo dei potenti, nei giorni di Carnevale la gente (potere) .... finalmente dare sfogo alle sue proteste.

Per un breve periodo (realizzarsi) .... una specie di mondo alla rovescia: non (esistere) .... più differenze di stato sociale, (potersi) .... criticare i nobili e i potenti, e i servi (travestirsi) .... da padroni, i brutti da belli, i belli da brutti, i vecchi da giovani, e viceversa.

Oggi il Carnevale (perdere) .... il carattere di protesta sociale e (trasformarsi) .... in una festa popolare che (lasciare) .... ampio spazio alle rievocazioni storiche ed al folclore.

Il Carnevale più bello (restare) .... in fondo quello dei bambini che (approfittare) .... di questa ricorrenza per indossare i panni delle maschere tradizionali e dei loro eroi preferiti.

adattato da *Il giornalino*

14. Completate con le forme verbali appropriate dei verbi tra parentesi.

Ricordi lontani e vicini

Da qualche parte ho letto che Manzoni, mentre (scrivere) .... *I promessi Sposi*, (alzarsi) .... ogni mattina contento di (ritrovare) .... tutti i suoi personaggi.

Non (io - potere) .... (dire) .... altrettanto di me.

Anche se tanti anni (passare) .... non (farmi) .... nessun piacere (parlare) .... della mia famiglia, mia madre (rimanere) .... nella mia memoria immobile e ostile.

Questa mattina per (cercare) .... di (mettere) .... un po' di aria tra me e lei, tra me e i ricordi, (io - andare) .... a (fare) .... una passeggiata in giardino.

Durante la notte (cadere) .... la pioggia, verso occidente il cielo (essere) .... chiaro mentre alle spalle della casa (incombere) .... ancora delle nubi viola. (...)

In breve (sopraggiungere) .... un temporale, in casa (essere) .... così buio che (io - dovere) .... accendere le luci.

(Io - staccare) .... la televisione e il frigorifero per non (farli) .... (danneggiare) .... dai fulmini poi (io - prendere) .... la torcia, (metterla) .... in tasca e (venire) .... in cucina per il nostro incontro quotidiano.

adattato da *Va' dove ti porta il cuore*, di Susanna Tamaro

palestra italiana

verbi modali

1. *Collegate le battute in A con le repliche appropriate in B.*

A	B
1. (Io - potere) .... entrare?	a. No, mi dispiace, è scarico.
2. (Tu - dovere) .... proprio andare dal dentista?	b. Mi dispiace, non ho l'orologio.
3. Stefano, (potere) .... comprarmi qualche cartolina?	c. No, aspetta un momento per favore.
4. Signore, ci scusi, (potere) .... prestarci il giornale?	d. Sì, ho un terribile mal di denti.
5. (Noi - potere) .... usare il suo telefonino?	e. Sì, grazie, ben caldo.
6. (Voi - volere) .... un altro panino?	f. Certo, vuoi anche i francobolli?
7. Scusi, dove (noi - potere) .... trovare un bar?	g. Certo, finisco di leggerlo e ve lo do.
8. (Voi - volere) .... un caffellatte?	h. No, oggi sono in sciopero.
9. (Lei - potere) .... dirmi che ora è?	i. In fondo a destra.
10. (Voi - sapere) .... dirmi se i negozi sono aperti oggi?	l. No, grazie, non abbiamo più fame.

2. *Completate con la forma appropriata del verbo modale.*

1. C'è troppo caldo. Non .... dormire in questa stanza.
2. C'era troppo caldo. Non .... dormire.
3. Ieri ho dovuto stirare molto. Non .... arrivare in tempo per la partita.
4. Devo stirare. Chissà se .... arrivare in tempo?
5. Non .... comprare quel quadro perché costava molto.

6. Non .... comprare quel quadro: per noi costa troppo.
7. A casa .... leggere il racconto.
8. Per compito, vi avevo detto che .... leggere il racconto.
9. Al Teatro Greco tutti .... entrare gratis perché l'ingresso è libero.
10. L'altr'anno l'ingresso era libero e tutti .... entrare gratis.
11. Clelia ha paura di guidare, non .... assolutamente prendere la patente.
12. Aveva una tale paura di guidare che non .... prendere la patente.
13. Non vengo con voi in montagna perché non .... sciare.
14. Non andavo mai in montagna. Non .... sciare.
15. Per festeggiare il nostro anniversario, ... prenderci una vacanza.
16. .... prenderci una vacanza, ma i bambini si sono ammalati.
17. Sapete che Sandra non .... mangiare pesce perché è allergica?
18. Da piccola non .... mangiare il pesce. Non le piaceva.
19. (Voi) Non .... visitare gli scavi archeologici perché sono in restauro.
20. Peccato! (Noi) non .... visitare gli scavi archeologici. Sono in restauro.

3. *Completate le frasi con il passato prossimo.*

1. Per il ballo di fine anno Stefania (volere vestirsi) in lungo.

   ....

2. Io (doversi alzare) in fretta perché era già mezzogiorno.

   ....

3. Dopo la sconfitta (noi - dovere vedersi) al bar.

   ....

4. Dopo la litigata (loro) non (volere parlarsi) neanche al telefono.

   ....

5. (Potere capirsi) bene perché parlavano la stessa lingua.

   ....

6. Anna e Donatella (dovere incontrarsi) per parlare dell'organizzazione della gita.

   ....

7. Giulio (potere prendersi) tre giorni di ferie perché aveva finito il lavoro.

   ....

8. Non avevano tutti gli ingredienti perciò non (poter prepararsi) un buon pranzetto.

   ....

9. Tu (volere sacrificarsi) per i figli ma loro non lo riconoscono.

....

10. Tonino e Gloria non (potere sposarsi) per l'opposizione dei familiari.

....

4. *Riscrivete le frasi. Combinate gli elementi in parentesi e fate tutti i cambiamenti necessari.*

Es.: Questo benedetto vizio del fumo (io - dovere - togliersi)

a) *Questo benedetto vizio del fumo me lo devo togliere.*

b) *Questo benedetto vizio del fumo devo togliermelo.*

1. I soldi per l'iscrizione (tu - potere - portare - a me - i soldi) domani.

a. ....

b. ....

2. Le gomme della mia automobile sono lisce, (io - dovere - sostituire - le gomme) con altre nuove.

a. ....

b. ....

3. La porta è aperta, (tu - potere - chiudere - la porta) per favore?

a. ....

b. ....

4. Luigi sta proprio male, (noi - dovere - portare - lui) subito in ospedale.

a. ....

b. ....

5. Anna non conosce la strada. (Tu - potere - accompagnare Anna)?

a. ....

b. ....

6. - Mi fai vedere le foto?
- No, non (volere - fare vedere - a te - le foto) perché hai le mani sporche.

a. ....

b. ....

7. - Scrivi ora quegli indirizzi?
   - No, non (potere - scrivere - gli indirizzi) ora. Ho da fare.

a. ....

b. ....

8. Mi serve l'olio, (tu - potere - portare -a me - una bottiglia)?

a. ....

b. ....

9. - Quando presenta la sua ricerca?
   - (Dovere-presentare - la ricerca) al prossimo convegno.

a. ....

b. ....

10. Le fodere del divano sono sporche. Non (io - potere - lavare le fodere) perché la lavatrice è rotta.

a. ....

b. ....

5. *Completate le frasi. Sostituite gli elementi tra parentesi con il pronme appropriato. Fate tutti i cambiamenti necessari.*

1. Non posso uscire; mio marito deve preparare una relazione importante ed io voglio dare (a lui) dargli / gli voglio dare una mano.
   Non sono potuta uscire; mio marito ha dovuto preparare una relazione importante ed io ho voluto dargli/gli ho voluto dare una mano
2. I libri non posso restituire (al professore) .... perché possono ancora servire (a me) ....
   I libri non ho potuto ....
   ....
3. Non posso prendere il treno delle sette; non posso proprio prender (il treno) ....!
   Non ho potuto ....
   ....

4. Mi pesa lasciare la famiglia ma devo fare (questo) .... perché non posso permettermi il lusso di rifiutare un lavoro così.
   Mi è pesato ....
   ....
5. Non voglio lasciare questa bella città e i miei amici, ma purtroppo devo salutare (gli amici) .... e partire.
   Non volevo ....
   ....

6. *Completare il brano con le forme appropriate dei verbi in parentesi.*

Ultimi giorni a Reggio

Non (io - potere) .... camminare su questa spiaggia ciottolosa, ma, stando ferma, (io - potere) .... guardare il mare in tutta la sua bellezza. (Io - volere) .... memorizzare tutti i momenti belli trascorsi in questa regione diversa e magica e (poterli) .... condensare in un unico ricordo.

Appena arrivata mi sentivo distante da questa terra, dalla sua gente, ma ora sono come schiava di una stupenda nostalgia che (io - volere) .... portare con me con un pezzetto di questo mondo.

Ora non (io - sapere) .... resistere alla tentazione di un ultimo bagno, (io - dovere) .... farlo per sentire sulla pelle la seduzione dell'acqua cristallina, di una terra antica, spigolosa e affascinante che (poterti) .... respingere e attrarre ad un tempo.

(Io - volere) .... rimandare la partenza, (io - volere) .... fermare il tempo... ma non (io - potere) .... fare altro. Col volo delle dieci di domani ritornerò a Zurigo!

chiavi degli esercizi

articoli e dimostrativi

1 1. Il; 2. La; 3. Il; 4. La; 5. Il; 6. Il; 7. L'; 8. La; 9. Lo; 10. La; 11. L'; 12. Lo; 13. Il; 14. La; 15. Il; 16. Il; 17. Lo.

2 1. una; 2. una; 3. un; 4. un; 5. una; 6. un; 7. un; 8. un; 9. un; 10. un; 11. un; 12. una; 13. uno; 14. un'; 15. un; 16. una; 17. un; 18. uno; 19. una; 20. un.

3 1. Lo; 2. un; 3. Le; 4. Le; 5. La; 6. una; 7. Gli; 8. La; 9. Il; 10. un; 11. il; 12. il; 13. I; 14. un; 15. Gli; 16. la; 17. La; 18. Il; 19. Il; 20. un.

4 gli occhi; il giorno; la strada; il cuore; la panna; il metro; l'esercizio; un anno; la notte; la casa; una tazza; la terra; l'oro; la ruota; lo zaino; il soldato; le banche; la colonna; un orecchio; un'arancia; l'occhio; la traduzione; l'orso; il gatto; la sera; la giustizia.

5 Quelle ragazze; Quel cane; Quella pizza; Quei pennarelli; Quell'uomo; Quello zoccolo; Quegli studenti; Quel piede; Quel professore; Quella sedia; Quelle stelle; Quell'oca; Quello zaino; Quei ragazzi; Quelle mele.

6 1. Questo; quello; 2. Questa; quella; 3. Queste/quelle; Quelle/queste; 4. Questi; quelli; 5. Quest'; quella; 6. questo; quello; 7. Queste; quelle; 8. questi; 9. Quello; questo/quel; 10. quel/questo.

7 La; un; la; lo; la; le; i; i; i; i; il; il; le; le; l'; un; un; uno; il; gli; degli; la; un; la.

8 Un; un; il; un; la; le; un; La; un; il; il; il; il.

9 Il; una; il; una; il; un; il; una; le; la; i; un; le.

10 gli; le; il; gli; i; un; il; il; il; il; la; il; il; un; la.

11 i; il; le; le; il; gli; un'; le; una; una.

12 la; le; la; il; la; la; l'; L'; il; il; Il; i; l'.

13 Un; il; il; i; i; i; le; una; i.

14 la; la; il; la; il; il; i; Gli; i; le; gli; un'.

15 un; un; il; una; il; una; gli; un; il; un; una; un; la; Questo; le; gli; la; questo; la; un; una; uno; un; i; le; gli; le; queste; le.

16 la; un; la; un; quel; i; questo; quest'; questo; un; la; un; una; un; la; il; i; i; questo; una; un; la; la; la; il; questo; questo; il; la; un; la.

comparativi e superlativi

1 1. più/meno; del; 2. più/meno; meno/più; 3. quanto; 4. più/meno; meno/più; 5. più; che; 6. più; che; 7. più; che; 8. più/meno; di; 9. più/meno; di; 10. più; che.

2 1. meno; della; 2. quanto; 3. più; che; più; di; 4. più; che, 5. più; 6. più; di; più; di; 7. quanto; 8. meno; che; 9. quanto; 10. più; che.

3 1. come; 2. più; di; 3. più; del; meno; 4. come; 5. più; del; meno; 6. come; più; 7. più; di; meno; 8. quanto; 9. come; 10. più; che.

4 1. migliore; ottimo/a; 2. peggiore; pessimo/a; 3. maggiore, massimo/a; 4. minore; minimo/a; 5. superiore; supremo/a; 6. inferiore; infimo/a.

5 1. ottimo; 2. pessimo; 3. maggiore/minore; minore/maggiore; 4. migliore; 5. minimo; 6. pessime; 7. supremo; 8. migliori; 9. pessime; 10. migliore.

6 1. infima; 2. minimo; 3. massima; 4. migliore; 5. inferiore; 6. ottimo; 7. pessima; 8. minore; 9. massimi; 10. superiore.

7 la più bassa; molto rigido; più giovani; il migliore; il più colorato; il più allegro; più eccitati; meno belli; meno interessanti; meno bravo; migliore; molto alta; più veloce; molto felici.

8 più; che; più; che; più; più; del; più; tra; migliore; meno; di; più; meno; molto; ottima; più; più; che; meno; che.

condizionale

1 vorrei; darebbe; passeresti; daresti; Mangeremmo; prenderei; saprebbe; Dovrebbe; avrebbe; potrebbe;

2 1. potrebbe; 2. Vorrei; 3. andrebbe; 4. dovreste: 5. farei; 6. passeresti; 7. potrebbe; 8. diresti; 9. potrei; 10. rimarrei; mi trasferirei; 11. dovrebbe; 12. Starei; 13. andrei; 14. faresti; Potresti; 15. Prenderei; Farei; 16. tradurrebbe; 17. prenoterebbe; 18. vorrebbe; 19. darebbero; 20. Berresti; 21. aprireste; 22. Vivrei; 23. Leggerei; 24. andrebbero; preferirebbe; 25. faresti.

3 1. Faresti; 2. Avrei scritto; 3. andrei; 4. avrebbe dormito; 5. ne farei/ne avrei fatti; 6. Guarderei/Avrei guardato; 7. Avrei telefonato; 8. Dovreste; 9. Lo avrei accompagnato; 10. Ti avrei aspettato; 11. starei; 12. sarebbe venuta; 13. Mangerei; berrei; 14. saresti; 15. Verresti.

4 dovrei; Dovrebbe; sarebbe; Le consiglierei; dovrebbe; preferirei; dovrebbe; verrei; Verrebbe; dovrebbe.

5 1. Vorrei; 2. Prenderei; 3. Partirebbe; 4. si rifiuterebbe; 5. avrebbe impedito; 6. potresti; 7. mi preparerebbe; 8. potrebbe; 9. dovrebbe; 10. Verremmo.

6 mi piacerebbe; Ci andrei; potremmo; Mangeremmo; andremmo; avrebbe detto; avrei dimenticato; avrei desiderato; Vorrei; si potrebbe.

7 1. mi piacerebbe; 2. vorrebbe; 3. mi potreste; 4. dovrebbero; 5. si starebbe; 6. correrebbe; 7. avrebbero; 8. accetterebbe; 9. piacerebbe; 10. avrei.

8 dovrei; direi; ci; ci; ragiungerebbe; potremmo; ci; Visiteremmo; ammireremmo; potremmo; ne; starei; mi; pregherei; sarebbe; gli; mangerei; costringerei; potremmo; sarebbe; lo.

9 sarebbe; ritornerei; telefonerei; potremmo; vorrei; ritornerei; andrei; farei; trascorrerei; parteciperei; sarebbero; sarei rimasta; avrei fatto; avrei visitato; sarei andata.

10 2. La signora Marini aveva detto che il figlio si sarebbe laureato entro giugno; 3. Il direttore aveva stabilito che le vendita sarebbero iniziate prima dell'estate; 4. I nostri amici erano d'accordo: avremmo festeggiato la vittoria in pizzeria; 5. La mamma aveva detto che avrebbe comprato tutto il necessario; 6. La polizia era convinta che l'omicida sarebbe tornato sul luogo del delitto; 7. Marco e i suoi amici hanno detto/dicevano/avevano detto che in estate sarebbero andati in campeggio; 8. Il professore ha assicurato che avrebbe fatto tutte le pratiche necessarie; 9. Maria Rita affermava che sarebbe andata a Napoli; 10. Lo studente ha detto che avrebbe lasciato quell'appartamento e sarebbe tornato in città.

11 avrebbe scritto; Avrebbe portato; sarebbero andati; sarebbe nato; penseremmo/avremmo pensato; penseremmo/avremmo pensato; andrebbero; ne visiterebbero; avrebbero; conoscerebbero.

12 2. Maria ha promesso ai suoi amici che li avrebbe portati a visitare Locri, Gerace e altre località della costa ionica; 3. La coordinatrice dei corsi aveva organizzato un incontro in cui si sarebbe parlato delle tradizioni culturali calabresi; 4. Il restauratore aveva promesso che avrebbe completato il suo lavoro entro sette giorni; 5. Lucio e Marta avevano annunciato agli amici che si sarebbero sposati alla fine di questo mese; 6. La sorella di Federico diceva che la sua mostra avrebbe avuto sicuramente molto successo; 7. Il giornale diceva che una squadra di sub avrebbe recuperato quel giorno un antico veliero affondato al largo delle isole Eolie; 8. Adriano era molto felice perché sarebbe partito per l'Olanda il mese successivo per seguire un corso di economia internazionale; 9. Anna diceva che a luglio avrebbe preso tre giorni di ferie per andare a Venezia; 10. Gli zii di Marcello ci avevano informato che avrebbero costruito una grande piscina in giardino.

congiuntivo

1 2. abbia capito; 3. superi; 4. sia; sbagliamo/abbiamo sbagliato; 5. abbia visto; 6. telefoni; 7. seguiate; 8. piova; 9. abbiate deciso; 10. esca; 11. abbia; vada; 12. sappia; 13. paghino/abbiano pagato; 14. conoscano; 15. finisca.

2 1. faccia; 2. abbiate conosciuto; 3. riesca; 4. sia giunto; 5. sia; 6. sia stata; 7. abbia telefonato; 8. si sia dimenticato; 9. dica; 10. si siano dati; 11. dia/abbia dato; 12. sia/sia stato; 13. rimanga; 14. abbia causato; 15. sia; 16. si affrettino; 17. assistano; 18. rimanga; 19. innaffi; 20. possa.

3 stai; ti trovi; sto; soffra; va; mi dica; piace; appassiona; posso; è; c'è; regga; voglio; passi; vieni/verrai; ho; abbia scritto; ha risposto; Tengo; dispiace; rovini/abbia rovinato; termino; sia; regali.

4 1. vada; 2. sia; 3. riaccompagni; 4. abbia trovato; 5. aiutino; 6. abbiano deciso; 7. porti; 8. arrivi; 9. debba; 10. abbia; 11. consegni; 12. sia; 13. abiti; 14. abbia distrutto; 15. abbiate capito.

5 1. Ti procuro i testi necessari perché tu possa completare la ricerca su Quasimodo; 2. Ai campionati di ciclismo ci sono controlli attenti perché gli atleti non usino sostanze stimolanti vietate; 3. È necessario prendere provvedimenti prima che i piromani distruggano completamente i nostri boschi; 4. Pensiamo che una giornata senza auto sia come una goccia sottratta a un mare di veleno; 5. Le domande di partecipazione saranno accettate purché vengano presentate nella forma e nei tempi stabiliti; 6. Purtroppo mio marito continua a fumare benché abbia problemi alle vie respiratorie.

6 ci sia; ci dicano; è; sia; Dobbiamo/Dovremmo; si realizzi; ci sia; abbiano avuto; hanno; diventi; è; mettiamo; ci venga; pensiamo; si rivela.

futuro

1 1. studierà; si trasferirà; 2. sarà; regaleremo; 3. mangeremo; berremo; 4. parlerà; 5. cambierà; avrà; 6. pagherete; vorrete; 7. sarò; viaggerò; visiterò; 8. dovranno; 9. saremo; ricorderemo; 10. Andrete; 11. Verrai; 12. andrete; ritornerete; 13. farete; lavorerete; vi prenderete; 14. verranno; dovranno; si scotteranno; 15. vedremo/avremo visto; andremo; 16. finirò; farò; 17. prenderò; andrò; 18. partirete; 19. arriverà; vorrà; 20. farà; 21. inviterò; ci divertiremo; 22. saremo; parleremo; 23. berrà; 24. perderai; 25. intenderà.

2 1. finiscono; finiranno; 2. vai; andrai; 3. venite; verrete; 4. studiate; studierete; 5. pranzate; pranzerete; 6. si fermano; si fermeranno; 7. esce; uscirà; 8. inizia; inizierà; 9. fai; farai; 10. vuole; vorrà.

3 arriverai; Frequenterai; cercherai; partirò; andrò; starò; saprai; saranno; Mi divertirò; andrò; visiterò; starò; farò/faremo; andrò/andremo.

4 si concluderà; mi dedicherò; avrò ottenuto/otterrò; mi concederò; Potrò; sarò arrivato/arriverò; farò; farò; resterò; mi troverò; ci riuscirò; resterò; mi trasferirò; sentirai; ne ammirerai; gusterai; vorrai.

5 verrà; Arriverà; porterà; andranno; Guiderà; rimarrò; prepareremo; apparecchieremo; mi dedicherò, verranno; saranno; si fermeranno; ritorneranno; andrò; Potrò.

6 occuperanno; si intaseranno; si ingolferanno; dilagheranno; formeranno; Staremo; Staremo; aumenterà; Sopraggiungeranno; si arrampicheranno; saliranno; bloccheranno; sarà.

7 1. potrai; avrai finito/finirai; 2. avrà fatto/farà; rilasceremo; 3. si complicheranno; bisognerà; 4. sarà decollato/decollerà; potranno; 5. Li perdonerò; mi avranno chiesto/mi chiederanno; 6. tradurrete; lo correggeremo; 7. avranno ascoltato/ascolteranno; capiranno; 8. avrai smesso /smetterai; potremo; 9. avrò discusso/discuterò; farò; 10. ti sarai preparato; potrai; passerai.

8 1.d; 2.e; 3.g; 4.h; 5.f; 6.c; 7.a; 8.l; 9.b; 10.i.

imperativo

1 1. Apri; fai; 2. mangiate; 3. entri; si accomodi; 4. non fumare; Abbi; affronta; 6. Faccia; 7. non fate; 8. vieni; 9. Sta'; 10. pulisca; faccia; 11. Vada; insista; 12. Diano; 13. Non bere; 14. preparami; 15. non prendete; 16. insista; 17. correggi; 18. dite; 19. studia; 20. va'.

2 1. Scrivi; 2. non mangiate; 3. vada; gli porti; 4. Non toglierti; 5. bevi; 6. Apriamo; 7. dica; 8. Traducete; 9. Metti; chiudi; vai; 10. Non guardate; Siate.

3 1. Vada; ricordi; 2. impegnati; 3. metti; 4. citi; 5. rispettate; 6. Prendete; 7. Abbi; 8. Mettiamo; 9. venga; 10. non mancare.

4 Si accomodino; Mi seguano; prendi; scegli; Assaggia; scegli; Prendano; mi credano; ci porti; prendano.

5 - Ecco! Lo sapevo! Ha rotto la pipa più bella della mia collezione. Stia attenta quando spolvera! Presti più attenzione a quello che fa!
- La finisca con queste pipe! Lei ama più le pipe degli esseri umani! Allora le spolveri Lei e mi lasci in pace!
- Come osa? La licenzio! Vada via immediatamente!

6 Pulite e tritate la cipolla. Scottate per 30 secondi i pomodori in acqua bollente (per eliminare facilmente la buccia) e quindi pelateli e togliete i semi. Scolate il tonno dall'olio e tagliate la mozzarella a dadini. In una ciotola mescolate tutti gli ingredienti, scolate bene i capperi, sminuzzate le olive e le fogliol ine di basilico e aggiungeteli al composto. Dividete la pasta per pizza in 4 parti, fatene delle palle, infarinatele e con il palmo della mano prima e col matterello poi appiattitele fino ad ottenere la forma di un piatto da frutta. Disponete un quarto del ripieno su ciascun disco, ripiegate la pasta e chiudete i bordi premendoli bene l'uno contro l'altro. Cuocete i 4 calzoni in forno preriscaldato (220°) per 15 minuti.

7 Faccia scaldare l'olio in una padella capiente, vi unisca il pollo a pezzi e lo faccia rosolare. Lo cuocia a fuoco lento per circa mezz'ora, aggiungendo, se necessario, qualche cucchiaio d'acqua calda. Triti le cipolle, tagli i peperoni a listelli e, a metà cottura, unisca il tutto alla carne; regoli di sale e pepe, aggiunga il passato di pomodoro, metta il coperchio e porti a cottura. Serva caldo.

8 1. Fai riparare subito i rubinetti che gocciolano anche poco; Faccia riparare subito i rubinetti che gocciolano anche poco; 2. Raccogli l'acqua piovana durante i temporali; Raccolga l'acqua piovana durante i temporali; 3. Utilizza forno, lavatrice e lavastoviglie solo dopo le cinque del pomeriggio; Utilizzi forno, lavatrice e lavastoviglie solo dopo le cinque del pomeriggio; 4. Garda la televisione al buio; Guardi la televisione al buio; 5. D'estate per le cene in terrazza riscopri la suggestione della luce di candela; D'estate per le cene in terrazza riscopra la suggestione della luce di candela; 6. Evita che i panni si asciughino in lavatrice. Stendi tutto con cura; Eviti che i panni si asciughino in lavatrice. Stenda tutto con cura; 7. Non gettare i resti del sapone, ma mettili in lavatrice direttamente insieme al bucato. Non getti i resti del sapone, ma li metta in lavatrice direttamente insieme al bucato; 8. Lascia cadere qualche goccia di detersivo su di una spugna bagnata anziché nella vaschetta del lavandino; Lasci cadere qualche goccia di detersivo su di una spugna bagnata anziché nella vaschetta del lavandino; 9. Conserva l'acqua in cui hai lessate le verdure e utilizzala come base per le minestre; Conservi l'acqua in cui ha lessate le verdure e la utilizzi come base per le minestre; 10. Sgocciola sempre tonno, sardine e salmone in scatola, ma conserva sempre l'olio. Prova a condire con questo la pappa del cane e del gatto; Sgoccioli sempre tonno, sardine e salmone in scatola, ma conservi sempre l'olio. Provi a condire con questo la pappa del cane e del gatto.

9 1. passatemi; 2. comprami; 3. dirgli; 4. chiedile; 5. telefona; telefonale; 6. chiami; 7. parla; dille; 8. chiediglielo; 9. Mi faccia; 10. prendi; mettila; 11. fammi; comprami; 12. ascoltami; non fare; 13. scrivi; scrivigli; 14. daglielo; 15. non venga; Non pensi.

10 1. sbrigati; 2. ci vada; 3. Non si preoccupi; 4. ci dica; 5. Non metterci; 6. fallo; 7. vattene; non farti; 8. Vacci; 9. non prendertela; 10. Fate; Metteteci.

11 1. Quando ritorna non si scordi di riportarmi l'elenco telefonico che Le ho prestato; 2. Se va a Roma per quel concorso, unisca l'utile al dilettevole e vada a visitare i Musei Capitolini; 3. Non sia così cerimonioso!; 4. Se è davvero stanco, spenga la TV e vada a letto!; 5. Non badi a spese, compri quei pantaloni anche se costano molto. Sono bellissimi!; 6. Ammetta anche Lei che in quella circostanza si è comportato male!; 7. Non rinneghi il suo credo, segua il suo istinto, non se ne pentirà!; 8. Non forzi la sorte, si accontenti di quello che ha!; 9. Attui pure il Suo progetto, ma ne calcoli bene i rischi e i costi!; 10. Quando scrive, metta sempre tra virgolette le parole altrui!

12 alza; Raggiungile; non cercare; Parla; di'; Mangia; bevi; Fatti; siediti; respira; Gustati; chiudi; ascolta; torna; non lasciare.

indefiniti e quantificatori

1 1. tanta/molta; 2. certe/alcune; niente/nulla; 3. tutti; 4. molti; 5. tanti/molti/parecchi; 6. tanti/molti; niente/nulla; 7. qualcuno; 8. molti/pochi/alcuni; 9. nessuno; 10. alcuni; altri; 11. nessuna/alcuna; 12. Alcuni/Molti; 13. Alcune; altre; 14. molte/tante/parecchie; 15. poche/alcune.

2 1. chiunque; 2. Qualcuno; 3. ognuno; 4. Chiunque; 5. qualcosa/niente; 6. Qualunque/Qualsiasi; 7. alcuni/parecchi; 8. qualunque/ogni; 9. Ogni; 10. Qualcuno.

3 1.Tutte; 2. tutti; 3. Tutte; 4. molto/assai/tanto/troppo; 5. Ognuno/Ciascuno; 6. Molti/alcuni; 7. uni; altri; 8. Ogni; 9. qualunque/qualsiasi; 10. qualcosa; 11. niente/nulla; 12. niente/nulla; 13. molto/tanto; 14. qualche; 15. Qualunque/Qualsiasi.

4 1. pochi; 2. Ogni; 3. tanto; 4. nessuna; 5. alcune; 6. tanta; parecchie; 7. Qualche; 8. alcun; 9. qualsiasi; 10. pochi.

5 1. Quest'anno andrò in vacanza con alcuni amici; 2. Qualche persona ha detto che voi vi eravate offesi; 3. Qualche volta il suo comportamento mi dà sui nervi; 4. Se vai a Stoccolma ti do alcune informazioni sui luoghi più interessanti da visitare; 5. Marta è veramente triste: solo alcuni amici si sono ricordati del suo compleanno; 6. Il mio zaino non è pesante, ci sono solo alcuni libri e alcuni quaderni; 7. Alla festa di Martina ho mangiate pochissimo e bevuto solo qualche bicchiere di aranciata; 8. Devo correre subito all'ufficio postale, ho alcune lettere da spedire; 9. La spiaggia era deserta, c'era solo qualche bambino che giocava a palla; 10. Al loro matrimonio Lucia e Daniele hanno invitato solo i parenti e qualche amico.

6 Gentile signora Luisa,
sono felice di scriverLe questa lettera perché ogni volta che guardo le sue foto ricordo i giorni trascorsi insieme. Ricorda? Ogni giorno andavamo a giocare a tennis con alcuni suoi amici e ci divertivamo tanto. Tutte le volte che esco a fare spese in città mi ricordo di quando, insieme a Lei, facevo lunghe passeggiate sul corso Garibaldi. Entravamo in qualche gelateria per mangiare coni giganteschi con tante noccioline e una montagna di panna. Mi ricordo altre volte in cui andavamo al cinema per vedere qualche film. Lei è proprio speciale! Non ho mai incontrato nessun altra persona come Lei, così simpatica e piena di vita. Penso che Lei non dimenticherà facilmente il tempo trascorso insieme. È bello condividere molta parte dei nostri ricordi! La saluto affettuosamente, con la speranza di ripetere una bella vacanza. Sua Anna.

7 pochi; tutti; pochi; qualche; tutta; alcuni.

indicativo presente

1 1. Hai; 2. hanno; 3. è; 4. Hanno; 5. è; 6. è; 7. è; 8. ha; 9. Abbiamo; 10. ha; 11.ha; 12. è; 13. ha; 14. ha; 15. sono; 16. è; 17. abbiamo; 18. è; 19. ha; 20.Sei; 21. Sono; 22. siamo; 23. sono; 24. è; 25. è.

2 1. c'è; c'è; ci sono; 2. c'è; Ci sono; 3. c'è; Ci sono; c'è; 4. c'è; Ci sono; c'è; 5. c'è; Ci sono.

3 1. Nel garage ci sono/c'è la macchina e il motorino; 2. Sul banco c'è un libro; 3. Nel vaso ci sono i fiori; 4. In cucina ci sono/c'è il frigo e la lavapiatti; 5. Nella borsa ci sono le chiavi e la carta di credito; 6. In quella vetrina ci sono vestiti sportivi; 7. Nell'aula c'è la lavagna; 8. Nel cassetto ci sono fogli e buste; 9. Sulla parete c'è una cartina geografica; 10. Sul tavolo c'è una bottiglia vuota.

4 è; È; È; È; È; è; è; è; sono; sono; Sono.

5 1. Siamo alte e bionde; 2. Siete ingegneri?; 3. Loro sono argentini, noi polacchi; 4. Le macchine sono vecchie; 5. I fari sono spenti; 6. I miei fratelli sono bassi e grassi; 7. Loro sono contente; 8. Sono comode le sedie?; 9. Le zie di Renata sono in Romania; 10. Noi siamo di Roma e voi?; 11. Loro sono antipatici; 12. I bicchieri sono sporchi; 13. Le stanze sono buie; 14. Le finestre della nostra aula sono aperte; 15. Le scuole sono chiuse in estate.

6 Gianfranco e Luciana passeggiano sul Corso Garibaldi e vedono in terra un portafoglio. Lo prendono: dentro ci sono tanti soldi; decidono di portarlo alla polizia. Per questo vengono premiati: possono tenere una parte dei soldi.

7 1. studiano; 2. scrive; 3. Bevo; 4. vive; 5. Lavorano; 6. Partiamo; 7. Esco; 8. rientrano; 9. vuole; 10. Puoi; 11. Vado; 12. Capiamo; 13. è; Fa; 14. prende; 15. Dimentichi; 16. Dovete; 17. Cenano; 18. sanno; 19. Vedo; 20. può.

8 Veronica e Vanessa devono prepararsi per il test finale. Prendono i libri e gli appunti e si chiudono nella loro camera. Dopo due ore decidono di andare dalla loro compagna di corso, Alice, per continuare a studiare con lei. Prendono il cappotto ed escono. A casa di Alice le ragazze si mettono subito a studiare. Possono farlo per poco però, perché arriva un amico che le invita ad andare al cinema con lui.

9 1. Hanno un vestito molto elegante; 2. Abbiamo una borsa blu; 3. Gli orologi sono rotti; 4. Loro non hanno l'ombrello ma noi si; 5. Gli studenti non hanno il dizionario; 6. Avete una rivista?; 7. Le biciclette sono vecchie; 8. I pennarelli sono neri; 9. Loro hanno un amico sincero; 10. Gli scaffali sono pieni di libri; 11. Questi ragazzi hanno gli occhi verdi; 12. Le chiavi sono sul tavolo; 13. Avete il vestito strappato; 14. Gli studenti sono in classe; 15. Abbiamo molta fretta.

10 Mario ha due nuovi amici, due cuccioli di pastore tedesco. È molto contento perché ama molto gli animali. Ha anche un gatto, una tartaruga e un pesciolino. Quando è triste, gioca un po' con loro ed è subito più sereno.

11 Mi chiamo; ho; sono; frequento; abito; mi sveglio; mi alzo; mi preparo; mi lavo; mi vesto; mi pettino; esco; aspetto; parlo; arrivo; ritorno; preparo; mi riposo; studio; ripasso; sono; faccio; guardo; imparo; mi addormento.

12 Sono; Mi diverto; vado; Vedo; Visito; passeggio; guardo; Apprezzo; faccio; conosco.

13 Luca ed io abbiamo quattro biglietti per il cinema e invitiamo due studenti del corso a venire con noi. Abbiamo appuntamento con loro per le 19.00 in centro davanti al bar Ausonia. Decidiamo di prendere l'autobus. Siamo alla fermata, guardiamo l'orologio, sono già le 18.30 e l'autobus non passa. Siamo molto nervosi: abbiamo i biglietti in tasca, ma siamo molto lontani dal centro. Sono quasi le 19.00, cosa dobbiamo fare? Abbiamo un'idea: fermiamo una macchina e chiediamo al conducente se va in città. Siamo fortunati perché quel signore va anche lui in centro. Arriviamo all'appuntamento alle 19.15, siamo in ritardo solo di un quarto d'ora. Che fortuna!

14 C'è; arriva; Devo; Sono; arrivano; sono; Può; vuole; ci sono; va; prendo; costa; fa.

15 esce; Cammina; entra; Attraversa; passa; spinge; saluta; va; apre; si accende; incomincia.

16 1. si sveglia; Si alza; si fa; si veste; esce; 2. si sposano; 3. si conoscono; 4. posso riposarmi; devo; 5. ci alziamo; 6. Ti dimentichi; 7. si laurea; 8. Ci vediamo; 9. mi diverto/ci divertiamo; 10. Mi annoio; 11. mi siedo; 12. si incontrano; 13. si trucca; 14. si arrabbia; 15. si riposa.

17 1. si vestono; 2. si candida; 3. si articola; 4. si ferma; 5. si incontrano; 6. si sveglia; si riaddormenta; 7. ci telefoniamo; 8. si incuriosisce; guarda; 9. Mi trucco; 10. ci concediamo.

18 La porta dell'appartamento è aperta, Vittorio entra silenziosamente, è curioso, vuole scoprire da dove provengono quei rumori strani e continui: tic, tac, tic, tac. Percorre il corridoio, va avanti, si fa coraggio ed entra nella camera da letto che è semibuia. Sente il cuore che batte forte, si avvicina sempre più al rumore. Arriva al comodino, allunga la mano istintivamente e sente un oggetto freddo, metallico. Sarà una bomba? Ora ricorda: è solo la vecchia sveglia. Tira un sospiro di sollievo!

19 produce; Manda; riempie; c'è; arriva; è; È; c'è; è; adoperano; sono; chiamano; è; scoppia; ha; morde; succhia.

20 1. Dove vai se hai mal di denti?; Se ho mal di denti vado dal dentista; 2. Che cosa fai se sei libero?; Se sono libero, vengo a trovarti; 3. Chi chiami se la stampante non funziona?; Se la stampante non funziona chiamo il tecnico; 4. Dove porti la macchina se non funziona? Se la macchina non funziona la porto dal meccanico; 5. Chi chiami se il rubinetto gocciola?; Se il rubinetto gocciola chiamo subito l'idraulico.

lessico

1 fiore; non è un mezzo di trasporto; divano; non è un ambiente della casa; letto; non è un oggetto di cancelleria; borsa; non è una stoviglia; amico; non è parente; tovaglia; non è capo d'abbigliamento; discoteca; non è un locale dove si può mangiare; formaggio; non è un frutto; dicembre; non è una stagione; domenica; non è un mese; bretelle; non è un tipo di pasta; gallo; non è un colore; verde; non è un giorno della settimana; cintura; non è un alimento; pollame; non è un salume; coperchio; non è un gioiello.

2 *mezzi di trasporto:* treno, nave, taxi, aereo, macchina; *ambienti della casa:* bagno, corridoio, cucina, salone, soggiorno; *abbigliamento:* pantaloni, gonna, camicetta, maglione, guanti; *mesi:* maggio, luglio, agosto, settembre, gennaio; *colori:* nero, giallo, verde, rosso, bianco; *parenti:* zio, cugino, fratello, cognato, genero; *luoghi dove si mangia:* bar, paninoteca, rosticceria, ristorante, pizzeria; *frutta:* fichi, pesche, ciliege, mele, pere; *stagioni:* primavera, autunno, estate, inverno; *tipi di pasta:* tagliatelle, tortellini, lasagne, maccheroni, spaghetti; *stoviglie:* forchetta, bicchiere, piatti, tazza, cucchiaio; *giorni della settimana:* martedì, giovedì, domenica, mercoledì, lunedì; *alimenti:* pasta, pane, verdura, latte, frutta; *salumi/insaccati:* prosciutto, salame, pancetta, mortadella, salsiccia; *gioielli:* bracciale, anello, orecchino, collana, spilla; *nella cartella:* libro, gomma, quaderno, foglio, penna.

3 1.f; 2.c; 3.h; 4.a; 5.l; 6.i; 7.b; 8.g; 9.d; 10.e.

4 1. suonare; 2. baciare; 3. odorare; 4. guidare; 5. amare; 6. studiare; 7. viaggiare; 8. incontrare; 9. gridare; 10. ballare; 11. giocare; 12. cucinare; 13. pensare; 14. invitare; 15. sbagliare.

5 1.a; 2.e; 3.f; 4.l; 5.b; 6.c; 7.h; 8.i; 9.g; 10.d.

6 1. donna; 2. nuora; 3. madre; 4. studentessa; 5. lettrice; 6. autrice; 7. allenatrice; 8. sciatrice; 9. amica; 10. zia; 11. moglie; 12. femmina; 13. sorella; 14. cassiera; 15. pittrice; 16. proprietaria; 17. professoressa; 18. figlia; 19. segretaria; 20. scrittrice.

7 1. insegnante; 2. nipote; 3. musicista; 4. artista; 5. pediatra; 6. dentista.

8 1. fioraio; 2. panettiere; 3. fruttivendolo; 4. pizzaiolo; 5. barista; 6. fotografo; 7. salumiere; 8. tabaccaio; 9. pianista; 10. musicista.

9 1. Scarpone; 2. occhiali; 3. ruscello; 4. videoregistratore; 5. lampadina.

10 1. elettrodomestico; 2. biancheria; 3. negoziante; 4. cancelleria; 5. mobili.

11 1. d, e, f, l, n; 2. g, m, p; 3. c, h, q; 4. b, i, o; 5. a, l, p.

12 1. ciabatte; 2. via; 3. recapito; 4. macchina; 5. stanza.

13 1. il libraio; 2. il meccanico; 3. il gelataio; 4. l'autista; 5. il calzolaio; 6. il farmacista; 7. l'idraulico; 8. il salumiere; 9. il tabaccaio; 10. l'imbianchino.

14 *cibo:* pasta, minestra, fagioli, pane, riso, carne; *casa:* pavimento, salotto, tetto, lavandino, scale, mobile, balcone, terrazzo, cantina, casalinga, detersivo; *negozio:* abbigliamento, calzature, gioielleria, libreria, farmacia, polleria, merceria; *sport:* sci, pattini, pallacanestro, partita, giocatore, arbitro, palla; *mare:* salvagente, bagnino, spiaggia, ombrellone, pinne, pesce, acqua, barca, sabbia; *bevande:* limonata, birra, chinotto, aranciata, vino.

15 1. innevata, ripida, alta; 2. limpido, cupo, nuvoloso; 3. affollata, deserta, grande; 4. secco, fragrante; 5. torrenziale, fitta, leggera.

16 1. fondina; 2. madre; 3. abitazione; 4. guanciale; 5. padre; 6. luogo; 7. volume; 8. abito; 9. denaro; 10. calzature.

17 2. la partenza; 3. la parola; 4. la scrittura /lo scritto; 5. la lettura; 6. l'andata/l'andatura; 7. il ballo/la ballata; 8. lo studio; 9. il gioco/la giocata; 10. la cottura; 11. il salto; 12. lo sbaglio; 13. lo sbadiglio; 14. l'annuncio; 15. il soccorso; 16. l'ascolto; 17. la salita; 18. l'attesa; 19. la pronuncia; 20. il saluto.

18 sera; città; ferie; Torino; guida; agosto; musei; donne.

19 2. Strumenti musicali; 3. Stoviglie; 4. Salumi; 5. Ortaggi.

20 2. Bontà; 3. leggerezza; 4. altezza; 5. calore/caldo; 6. dolcezza; 7. grassezza; 8. bellezza; 9. apertura; 10. seduta; 11. amarezza; 12. velocità; 13. durezza; 14. pulizia; 15. sporcizia; 16. presa; 17. vendita; 18. entrata; 19. accensione; 20. apertura; 21. sveglia; 22. conoscenza; 23. partenza; 24. saluto; 25. corsa.

21 Rosa 1; Pianta 2; Mare 3; Tavola 4; Pane 5 ; Strada 6; Fogli 7; Caffè 8; Giornale 9; Stazione 10.

passato prossimo e imperfetto

1 Alle 6.30 Lisa si è alzata; alle 6.35 si è lavata; alle 7.00 ha fatto colazione; alle 7.30 si è vestita; alle 7.50 è uscita; alle 8.05 ha preso l'autobus per l'aeroporto; alle 8.10 è arrivata all'aeroporto; alle 9.00 è partita per Roma; alle 10.00 è arrivata all'aeroporto di Roma – Fiumicino; alle 10.15 ha preso la navetta per la Stazione Termini; alle 11.00 è arrivata in albergo ed è uscita subito per fare un giro in città; alle 14.00 ha pranzato con Luigi, il suo ragazzo; alle 15.00 ha incontrato altri amici; alle 16.30 è andata in giro per negozi; alle 19.30 è rientrata in albergo stanca morta; alle 20.00 ha fatto una doccia; alle 20.30 ha guardato il telegiornale; alle 21.00 ha cenato con Luigi; alle 22.00 è andata in discoteca; all'01.00 è tornata in albergo.

2 1. è andato; 2. è nato; 3. sono rimasti; 4. è uscita; 5. sono venute; 6. è uscito; 7. ha guardato; 8. sei tornato; 9. hanno fatto; 10. hanno parlato; 11. hai messo; 12. è morto; 13. Sono riuscito; è partito; 14. sei venuto; 15. avete pagato; 16. è costato; 17. sono tornati; 18. ha scritto; 19. Hai visto; 20. ha fermato.

3 si è alzata; ha fatto; si è lavata; è uscita; è rientrata; ha mangiato; si è distesa; ha letto; sono arrivati; hanno bevuto; hanno fatto; è arrivato; Abbiamo chiesto; ha detto; hanno risposto; ci siamo offerti; ha proposto; sono andati.

4 sono partito; sono salito; ha portato; ha invitato; è atterrato; Ho preso; sono andato; ho incontrato; ho discusso; sono tornato; ho cenato; sono salito; Ho acceso; mi sono addormentato.

5 1. mi piaceva; 2. Era; tirava; 3. ero; guardavo; 4. andavamo; 5. cucinava; apparecchiava; 6. beveva; 7. prendevamo; 8. vivevo; lavoravo; 9. faceva; andavamo; 10. tornavano; 11. doveva; studiava; 12. aveva; 13. mi abbronzavo; 14. mi piaceva; 15. faceva.

6 2. Sono arrivato in anticipo; 3. Avevo sete, perciò ho bevuto un'aranciata; 4. Ho salito le scale di corsa, per questo ho il fiatone; 5. Avevo sonno, perciò ho dormito otto ore; 6. L'estate scorsa sono andato a Torino e sono salito sulla Mole Antonelliana; 7. Lo scorso anno, a Natale, sono stato in montagna; 8. Ho saputo che avevi bisogno d'aiuto e sono venuto subito da te; 9. Quel famoso atleta ha corso i cento metri a tempo di record; 10. La primavera scorsa ho seguito un interessante corso di psicologia.

7 A Maria e Chiara hanno regalato un bel cagnolino e loro l'hanno chiamato Palicchio, il nome di un loro orsacchiotto. I loro genitori non volevano il cane perché abitano in un appartamento al terzo piano di un grande palazzo. Maria e Chiara però hanno insistito e così la loro madre ha ceduto. Le ragazze dicono che i loro amici sono molto contenti di andarle a trovare per giocare con loro e il loro cagnolino. Maria e Chiara hanno un'idea fissa, quella cioè di tenere il cagnolino nella loro camera per tutto l'inverno e poi, in estate, portarlo nella casa del nonno dove c'è un grande giardino così il loro cane potrà giocare all'aperto.

8 1. studiava; guardavano; 2. ero; ho incontrato; vedevo; 3. sono rimaste; puliva; preparava/ha preparato; 4. Aveva; era; sembrava; 5. ho pianto; ero; mi sentivo; avevo; erano; 6. sono dovuto; ho preso; è atterrato; 7. è partita ; doveva; 8. ho scritto; era; facevo; 9. Sono vissuto/Ho vissuto; mi sono trasferito; 10. si è alzato; ha fatto; è tornato; Si sentiva; Aveva.

9 ha detto; sono rincasata; aveva; c'era; Abbiamo guardato; abbiamo cercato; aumentava; eravamo; ha attirato; era; dormiva.

10 è nato; aveva; voleva; è scappato; ha abbandonato; ha iniziato; l'ha lasciata; lo ha reso; gli ha permesso; ha cantato; è diventato.

11 hanno salvato; ha visto; si dibatteva; ha fermato; è sceso; Si trattava; era; è riuscito; hanno applaudito.

12 era; mi sono preparato; Mi sono alzato; ho fatto; prendevo; ho cercato/cercavo; riuscivo; ho deciso; era; ho bussato; sono entrato; era; aveva; mi sono fatto; si è sciolta; Abbiamo parlato; mi ha stretto; si è congratulato; ho cominciato.

13 è entrato; si è messo; è rimasto; sfrecciava; faceva; emetteva; facevano; hanno chiamato; sembrava; abbandonavano; Passavano; continuava; si esibiva; Bastava; saltava; gridava; offrivano.

14 era; dava; si aggiravano; conosceva; entravano; gridava; diceva; appariva; era; V'era; doveva; Era; le dicevo; era; sedevamo; stava; abbassavo; sentivo.

15 andavamo; aveva; c'era; finiva; Si apriva; c'era; si disperdevano; correvano; setacciava; rimanevano; versava; diventavano; vedevo; significava.

possessivi

1 2. sua; 3. suoi; 4. sue; 5. loro; 6. nostri; 7. vostre; 8. loro; 9. loro; 10. sua; 11. nostra; 12. nostro; 13. vostre; 14. loro; 15. suo.

2 2. I; I loro; 3. La; la; La nostra; 4. Gli; I suoi; 5. Il; il; Il nostro; 6. Il; Il suo; 7. Le; Le sue; 8. Le; Le loro; 9. I; i; I vostri; 10. Gli; I loro; 11. Il; Il suo; 12. La; La sua; 13. Il ; Il suo; 14. I; i; I vostri; 15. Le; le; Le nostre.

3 1. nostro; sue; 2. sua; 3. mia; 4. sua; 5. loro; 6. tuo; 7. mio; 8. nostri; loro; 9. sua; 10. mio.

4 2. sua; suo; 3. il suo; 4. il vostro/la vostra; 5. la loro; 6. suo; 7. i suoi; 8. il suo; la sua; 9. la loro; 10. il vostro; 11. i suoi; 12. le sue; 13. il tuo; 14. la loro; 15. Il loro.

5 1. tuo; mio; suo; 2. vostri; nostri; 3. sua; mia; 4. suoi; mio; mia; 5. tua; suoi/i suoi; 6. vostre; nostre; 7. loro; 8. tua; suo; 9. nostro; vostro; 10. miei; miei.

6 1. I; 3. La; 4. La; 6. Il; 7. La; 8. La; 10. I; 11. I; 13. Il; 14. I; 15. La; 16. Il; 17. I; 18: Il; 20. I.

7 1. sue; 2. sua; 3. suoi; 4. mia; 5. loro; 6. suo; sua; 7. miei; mia; 8. mia/tua/sua/nostra/ vostra/loro; 9. suo; 10. loro; nostre.

8 1. Nostra cognata è partita; 2. I vostri fratelli sono in montagna; 3. Mia nonna è seduta sul divano; 4. Sua zia è andata in Messico; 5. Il mio tappeto è persiano; 7. La tua penna è rossa; 9. Sua madre è tedesca; 11. La sua collana è d'oro, la mia d'argento; 12. La sua moto è più veloce della mia; 14. I loro genitori sono di Rimini; 15. La mia insegnante è sua sorella.

9 1. sue; 2. loro; 3. sua; 4. loro; 5. suoi; 6. suo; 7. loro; 8. sua; suo; 9. sua; 10. loro.

10 Il suo; La sua; il suo; mia; i suoi; il suo; il suo.

11 1. Gli amici di Giulio hanno fissato un appuntamento col loro collega e sono andati a trovarlo in ufficio; 2. I miei cani sono molto aggressivi, il tuo è docile; 5. Dimmi quali sono i tuoi gusti e ti dirò chi sei; 7. (Il) nostro obiettivo è quello di diffondere la cultura e la lingua italiana in tutto il mondo; 8. Io e i miei genitori la pensiamo diversamente; le mie idee sono più moderne delle loro; 9. Le tue cugine verranno anche quest'estate?; 10. (Il) vostro dovere è rispettare le persone anziane.

12 nostro; nostra; sua; sua; sua; nostro; nostra; nostro; mio; mio; mia; miei; mie; miei; mie; nostri.

13 sua; nostri; sua; nostra; vostri; mia; mio; vostri; mia; nostri.

pronomi personali e particelle

1 1.b; 2.e; 3.a; 4.c; 5.d.
2 1. la; 2. la; la; 3. li; 4. l'; 5. l'; 6, la; la; 7. li; 8. le; 9. Li; 10. L'.
3 1. lo; 2. le; 3. la; 4. Li; 5. li; 6. l'; 7. Lo; 8. lo; 9. Lo.
4 1. li; 2. l'; 3. l'; 4. le; 5. le; 6. li; 7. li; 8. la; 9. le; 10. la.
5 1.b; 2.c; 3.a; 4.b; 5.b; 6.a; 7.b; 8.b; 9.b; 10.b.
6 1. gli; 2. le; 3. gli; 4. mi; Mi; 5. Le; 6. Le; 7. mi; 8. Mi; la; 9. vi; mi; 10. ti; 11. vi; 12. a te; 13. Mi; 14. ne; 15. lo; 16. gli; 17. Mi; Ne; 18. Mi; Ne; 19. Mi; 20. li.
7 1. te li; 2. te ne; 3. ce le ; 4. gliela ; 5. glielo; 6. ve la ; 7. te li; 8. glielo; 9. me lo; 10. gliene; 11. gliel'; 12. te le; 13. Te lo; 14. glielo; 15. ce lo.
8 2. gliel'abbiamo dato; 3. Glieli restituiamo; 4. Ve lo consegniamo; 5. te lo faccio provare; 6. non gliele ho portate; 7. Gliene ho lette; 8. Te ne scriveremo/Gliene scriveremo; 9. Gliel'ho dato; 10. gliene ho parlato; 11. Se la; 12. glielo diremo; 13. gliele abbiamo preparate; 14. Gliene ho portati; 15. Ce l'ha venduta; 16. gliel'ho salutato; 17. Te lo passo; 18. gliela stampo; 19. ce ne metto; 20. te li/Glieli porteremo.
9 1. ne; 2. ne; 3. ne ; ci ; 4. ne ; 5. ne ; 6. ci ; 7. ne ; ci ; 8. Ci ; 9. ci ; 10. Ne.
10 1. Ci; 2. ne; 3. ci; Vi ci; 4. gliene/ne; 5. te ne; 6. Ci; ci; 7. Ne; 8. lo; 9. ci; 10. Ne; 11. ci; ci; 12. ti; ne; 13. ne; 14. la; 15. la.
11 1. mi; ti; 2. La; La; mi; 3. ti; ti; ci; 4. mi; 5. l'; lo; 6. la; 7: vi; 8. li; li; 9. loro; 10. le; le; le; 11. lo; lo; gli; ti; 12. la; ci; ci; 13. Le; Le; lo; 14. vi; vi; 15. ti; lo.
12 li; l'; lo; L'; mi; la; la; la; ne; vi; la; Ve lo; La; la; la; la; vi.
13 1. ci; ci; 2. ne; 3. ci; lo; 4. li; 5. mi; mi; 6. lo; gli; 7. la; la; ce l'; 8. Ce l'; 9. le; la ; 10. ne ; Lo.
14 1. Avete trovato tutte le copie dei libri ? No, ne abbiamo comprati/e solo otto; 2. Ti ha raccontato, Laura, come sono andate le cose? Si, mi ha accennato qualcosa, ma ne dobbiamo ancora parlare più tardi; 3. Quanti chili di mele avete colto? Ne abbiamo colti 4 chili; 4. Luca, fino a quando sei rimasto alla festa? Me ne sono andato poco dopo le dieci; 5. Siete già andati alla spiaggia? No, non ci siamo ancora andati; 6. Sai se Marco ha comprato i biglietti per l'aereo? No, non ne ha avuto il tempo. Ci penserò comunque io; 7. Hai sentito quello che ha detto Miriam? No, qui c'è tanto rumore! Ripetimelo tu, per favore; 8. Quando vi siete conosciuti tu e Dominique? Ci siamo visti per la prima volta in settembre; 9. Lori, ma non dovevate andare all'estero quest'estate? Dovevamo farlo, ma poi non ci siamo riusciti; 10. Quando vieni a casa mia? Ci vengo domani sera, dopo cena. Va bene?; 11. Hai comprato le cartoline da spedire ai nostri insegnanti? Purtroppo ce n'era solo una, ne compreremo altre tre dal tabaccaio; 12. Hai spedito gli inviti per la festa? Sì, ne ho spediti già più di venti; 13. Hai poi avuto notizie del litigio tra Pia e Lino? Ti prego, ne ho fin sopra i capelli di questa storia!; 14. Ho saputo che i bambini di Angela e Lillo sono dalla nonna da una mese. Lei li ospita ogni estate! E vorrebbe farlo più spesso; 15. Che ne dici se stasera invitiamo i Rossi per una spaghettata? Mi va bene, purché tu mi aiuti. I piatti poi li lavi tu.
15 ti; mi; te lo; ti; te; ti; ti/te lo; l'; se ne; l'; mi; Le; le; le; ti; ti.
16 1. ti; ce n'; ti; lo; ti; 2. le; la; la; ti; te la; 3. ti; ti; tu; 4. lei; te lo; 5. ti; li; lei; le; 6. lei; te; le; 7. ti; lei; te; 8. la; La; 9. lo; 10. ti; la.
17 Ci; si; si; Ci; me; ci; ci; Mi; mi; mi; ci; c'; mi; L'; mi; mi; mi; mi; mi; mi; ne; si; ci; si; si; mi; La; me; mi; me ne; la; la; ci; te la; mi.

preposizioni

1 1. di; 2. per; 3. in; a/per; 4. a; da/con; 5. in; 6. in; 7. in; 8. a; 9. da; 10. A; di/da/con; 11. a; 12. di; 13. Da; 14. a; 15. a.
2 1. in; 2. in; A; 3. a; 4. su/in; da; 5. da; in; 6. in; 7. in/d'; in; in/d', in; 8. in; in; 9. in; 10. in.
3 in; in; a; alla; al; a; in; al; a; alla; dal; all'; a; in; dal.
4 da; per; di; in; con; in; con; in; in; a; a; da; da; in; dal; con; da; con.
5 1. a; con; 2. di; 3. a; da/con; 4. di; su; 5. da; con; 6. per; da; 7. Fra; a; 8. fra; 9. a; 10. a; di; 11. di; da; 12. su; 13. a; con; 14. Per; in; 15. Fra; da/di.

6 1.c; 2.c; 3.a; 4.c; 5.b.
7 1. in; al; in; 2. con; di; al; 3. all'; per; 4. a/da; con l'/in; 5. con la/in; di/con; 6. A; in; 7. in; a; per; 8. Di; di; alle; 9. al; a; 10. di; 11. da; 12. allo; per; 13. di; sul; 14. Sull'; in; a; 15. a; dell'.
8 1. della; di; 2. a; a/per; 3. Alle; al; per/a; 4. ai; per; con; delle; 5. D'/In; in; a; ad; a; a; a; con gli; in; in; al; 6. dal; di; 7. a; da; 8. con/tra; 9. In/a; per; con; 10. Fra; dal; di; 11. di; in; di; 12. dall'; a; per; 13. a; per; nello; di; 14. per; in; nella; di; 15, A; di.
9 1. Fra; a; in; 2. a/da; 3. a; in; 4. per/da; 5. dalla; da; 6. con/da; di/a; 7. A; 8. A/Per; da; 9. a; a/per; 10. in/alla; di; 11. in; 12. a; in; con; 13. da; 14. in/con l'; da; a; 15. al; 16. con; per; 17. della; in; nel/di; 18. in; da; 19. In; 20. alle; di; 21. a; in/con il; 22. in; di; 23. in; in; per il; delle; 24. a; a; 25. Sui; da; in.
10 in; da; del; di; di; da; per; di; a; fra; Per; in; Con; Con; di.
11 alle; del; per; a; in; alla; della; a; ad; a; alle; con la; con i; per/a; per/a; per; per/a; sul; di; al; in.
12 per; con; di; di; dal; dal; per; alla; per; di; A; di; a; di; a.
13 sui; a; in; della; dell'; agli; di; in; per; in; in; di; di; di; d'; Ai; di; a; con; in; con; a; con; per.
14 per; di; di; di; di; in; di; di; di; d'; in; con; con; a/con la; nella; di; di; con; da; con; In; con; d'; a; da; a; per; di; in; A; d'; di; in; con; di; a; con; di.
15 per; per; di; di; sulla; di; d'; di; di; con; d'; con; di; con; d'.
16 Dalla; dei; di; dall'; di; delle; in; alla; in; Per; del; alla; di; di; da; di; A; per/ad; per; nel; di; a; nel; delle; sul.
17 1. nel; 2. in; 3. in un; 5. al; 7. in; 8. nel; 9. dal; 10. al.
18 1. Di; di; 2. dalla/da; alla/a; 3. dall'; al; 4. di; di; 5. per il; per la.
19 di; a; di; di; tra; d'; nella; di; a; di; nella; dell'; con; tra; tra; di; con; in; tra; di; dalle.
20 degli; per; alle; di; a; al; dell'; degli; con; all'; del; dalle; degli; ad; alla; per:
21 in; per; per; ai; di; Le; di; nel; al; di; nel; ad; della; gli; di; l'; della; dai; dei; di; del; del; L'; della; la; in; un; con; nelle; d'; nel; dei.
22 Una; un; in; una; di; per; in; una; dell'; a; per; La; di; il; delle; la; di; con; nel; di; il; delle; delle; il; della; a; il; a; una; sul; in; al; la; di; uno.

pronomi relativi

1 1. di cui/del quale; 2. che; 3. che; 4. che; 5. in cui/nel quale; 6. che/la quale; 7. di cui/del quale; 8. a cui/alla quale; 9. su cui/sul quale; 10. su cui/sui quali.
2 1. che/i quali; 2. di cui/del quale; 3. in cui/ nel quale; 4. per cui/per il quale; 5. con cui/con la quale; 6. in cui/nella quale; 7. da cui/dal quale; 8. da cui/dal quale; 9. a cui/alla quale; 10. su cui/sul quale; 11. a cui/ai quali; 12. su cui/sul quale; 13. che; 14. tra cui/tra i quali; 15. per cui/per la quale.
3 1. che; 2. in cui/nel quale; 3. che; 4. con cui/con il quale; 5. con cui/con il quale; 6. a cui/al quale; 7. di cui/del quale; 8. che/il quale; 9. da cui/dal quale; 10. che.
4 1. La persona con cui/con la quale sei andato al cinema l'altro ieri è un mio vecchio amico; 2. Mi fai leggere quel libro di cui/del quale mi hai tanto parlato?; 3. Questo è il cantante di cui/del quale ho ascoltato l'ultimo CD; 4. Sai qual è il motivo per cui/per il quale Maria non vuole uscire più con noi?; 5. La mia è una storia di cui/della quale ti parlerò con calma; 6. Giorgia è l'amica a cui/alla quale racconto tutto; 7. Questa è la casa di cui/della quale ti ho parlato; 8. Ecco il ristorante in cui/nel quale servono una pizza buonissima; 9. Ti ricordi la scuola in cui/nella quale andavamo da piccoli? 10. La finestra da cui/dalla quale ho visto l'incidente è questa.
5 1. La botte, che ho riempito di vino, è di rovere; 2. Questa è una chiave speciale con cui/con la quale posso aprire tutte le porte dell'albergo; 3. Il panorama che si vede dalla finestra della tua camera è stupendo; 4. Giorgio, il ragazzo con cui/con il quale sono uscita ieri, è il cugino del mio insegnante di matematica; 5. Il metodo d'insegnamento che usa il tuo professore è moderno ed efficace; 6. Le indagini, che la polizia ha svolto con tanto impegno, hanno avuto successo; 7. Questo cane, a cui/al quale ho comprato un guinzaglio nuovo, è un trovatello; 8. La macchina fotografica, con cui/con la quale ho scattato quelle foto, è digitale; 9. Giovanna è una persona di cui/della quale non mi fido; 10. Il mio capoufficio, con cui/con il quale lavoro da anni, è troppo esigente.
6 1. Con questa nave, su cui/sulla quale navighiamo da mezz'ora, siamo andati a Malta l'estate scorsa; 2. Il professore Marchetti, con cui/con il quale ho discusso la mia tesi di laurea, è stato trasferito; 3. L'argomento che ti

ho esposto sarà l'oggetto della discussione in riunione; 4. Quando ho messo in moto l'auto, che avevo noleggiato il giorno prima, mi sono accorto che non funzionava bene; 5. Si disperò quando vide bruciare la villetta per cui/per la quale aveva lavorato tutta una vita; 6. L'ape volò via dal fiore da cui/dal quale aveva succhiato il nettare; 7. Hai letto quell'articolo del giornale in cui/nel quale erano riportate le proiezioni della Borsa?; 8. Sono ritornato in Sicilia nei luoghi narrati da Giovanni Verga in cui/nei quali la vita sembra essersi fermata; 9. La frutta che ho comprato ieri è senza dubbio geneticamente modificata; 10. La città in cui/nella quale abito è Roma.

7 1. Di che razza è il cane che i signori Comastri hanno regalato ai loro figli?; 2. Chi ha preso l'accendino che avevo messo sul tavolo?; Mia sorella possiede tanti bei gioielli antichi tra cui/tra i quali una spilla con rubino; 4. Abbiamo dovuto mettere le zanzariere alle finestre che danno sul giardino; 5. Ho perso il foglietto su cui/sul quale avevo scritto il numero di Alessandro.

8 1. I ricordi a cui/ai quali sono più legata sono quelli della mia infanzia; 2. La città di cui/della quale ti ho mandato la cartolina si trova a nord di Madrid; 3. La borsa di pelle che ho comprato a Istambul si è rotta subito; 4. L'azienda per cui/per la quale lavoro produce articoli sportivi; 5. L'agenzia con cui/con la quale sono in contatto da mesi mi ha finalmente trovato casa.

9 che; che; da cui/dal quale; che; per chi; di cui/dei quali; che.

10 che; per cui/per le quali; che; da cui/dal quale; che.

tu o lei?

1 1. Ha capito la lezione che il professore ha spiegato oggi?; Si, ma è meglio se mi dà i suoi appunti perché non ho scritto tutto; 2. Senta, mi permette di fare una telefonata?; Prego, faccia pure!; 3. Lei prende sempre l'autobus per andare all'università?; Molto spesso: E Lei come ci va?; 4. Scusi, mi sa dire dove si trova la farmacia?; Certo! Prima deve andare 100 metri avanti, poi giri a destra e la vede; 5. Scusi, non riesco a mandare questa e-mail, mi può aiutare?; Certamente! Prima di tutto però, salvi il testo!

2 Gentile signor Giulio, ho ricevuto con grandissimo piacere la sua lettera. Sono felice che Lei stia bene e che si sia trovato un nuovo lavoro. Ho saputo che questa nuova attività Le va molto bene, anche se non mancano i contrasti con il suo nuovo socio. In questo nuovo ambiente, completamente diverso da quello precedente, si trova con persone più disponibili, che La stimano e collaborano fattivamente con Lei. Mi auguro, sinceramente, che in questa nuova attività Lei possa realizzare i suoi sogni e mettere in luce le sue capacità. Io mi sto preparando per gli esami e devo dirLe che i suoi suggerimenti e consigli mi sono stati di grande utilità. Sa meglio di me che guadagnare tempo è una vera fortuna! Ho trovato in libreria il volume che mi ha consigliato: davvero bello! Ora La devo lasciare. Mi risponda appena può. La saluto cordialmente Nicola;

3 Gentile signor Francesco, Le scrivo questa lettera per informarLa dei miei programmi per il prossimo futuro. Spero di venirLa a trovare insieme a mia moglie Cristina e di portarLe i documenti che Le ho promesso tanto tempo fa, in modo che Lei possa preparare il suo intervento al prossimo Convegno. Mi permetto di chiederLe gentilmente, se vede il dottor Giuliani, di porgergli i miei saluti e dirgli che gli manderò presto un fax. Inoltre, Le sarò grato se potrà prenotarmi una camera matrimoniale all'albergo Ausonia per il 3 ottobre: verrò insieme a mia moglie che sarà felice di trascorrere delle belle giornate con sua moglie. Dei dettagli Le parlerò di persona quando sarò lì. Ora La lascio e La saluto cordialmente, Luciano Cosmati;

4 Gentile Assessore, a conclusione delle "quattro giornate", desidero esprimerLe il mio più vivo apprezzamento per l'ideazione e la realizzazione di esse. Rinasce con Lei la vocazione culturale della città, un tempo così viva, che accresce la sua vitalità, esalta il suo ruolo. Sembrava a tanti una sfida impossibile, ma la sua voglia di farcela ha vinto sulla pigrizia, sui limiti, sulla mediocrità, sulla mancanza di coraggio. Ci ha fatto sognare, accendendo una speranza per tutti noi. Contro gli sciocchi ha dimostrato che, con l'umiltà e l'impegno, la politica si può cambiare. Ha superato l'ideologia, lanciandosi a capofitto nel recupero della memoria collettiva con capacità e inventiva. Ha vissuto due volte: per Lei e per quelli che sono contro di Lei. Di certo L'attende un duro lavoro, ma L'accompagnano la stima e l'affetto di molti. Con molti rallegramenti, il Sindaco;

5 Ragazzo mio, parlami di tua madre, per favore, ti ascolto. Lascia stare i fatti curiosi. Parlami soltanto di quelli più semplici, come quelli di rimboccare le lenzuola o di dare l'ultimo bacio della sera, di quando ti rimproverava, severa, per un tuo capriccio. Di quando ti riempiva le orecchie e gli occhi di sapone. Di certo ricordi tanti fatti. Ricordi la sua voce dolce, qualche volta ansiosa, magari per un semplice raffreddore. Parlami di tua madre quando ti accompagnava a scuola e ti teneva per mano, o ti insegnava a reggere la penna. Di quante cose puoi parlare: io ti ascolto. Comincia dal principio. Cerca nei giorni più lontani, le cose care che non si possono dimenticare, le cose che tutte le mamme fanno, e che riempiono il cuore di gioia e di affetto. Regalami un tuo ricordo. Non più di un ricordo. Io, la mamma l'ho persa il giorno in cui sono nato.

uso dei tempi

1 1. offre; 2. è; 3. sopporto; 4. parte; arriva; 5. parlo; perdo; 6. canta; 7. guardi; 8. vuoi.

2 abita; sappiamo; rientra; Abbiamo; è; è; entra; si staccano; è; pesa; entra; avviene; si staccano; entra; se ne staccano; entra; si stacca; guardo; vedo; So; è entrato; sono; sono entrati; sono; può.

3 1. ho scritto; 2. ho ricevuto; 3. potevo/sono potuto; dovevo/ho dovuto; 4. vuole/vorrebbe; ho preparato; 5. ho telefonato; ho detto; 6. esco; vado; ho ordinato; 7. ha raccontato; ha detto; 8. hanno fatto; avevano programmato; 9. sono andata; era; 10. Aspetto; arriva /è arrivato.

4 è stata; mi sono alzata; ho fatto; ho messo; sono andata; c'erano; aspettavano; ho fatto; era; era; faceva; ci siamo tuffati; ci siamo stesi; abbiamo ascoltato; abbiamo deciso; Siamo saliti; stava; si occupava; stavamo; era; guizzavano; hanno preso; abbiamo fritto; ci siamo abbuffati.

5 È; è arrivato; mi sento; Siamo; pare; sono; Esco; Voglio; Distribuisco.

6 desidera; era; raccontava; trascorrevano; era; vuole; sorge; ospita; ha parlato/parlava; voleva/avrebbe voluto; sono dovuti rientrare; ha; ci andrà/ci va; ha conosciuto; È.

7 stavo; ha fatto; mi sono distesa; c'era; c'erano; è parsa; avanzava; si è calmata; ho visto; erano caduti.

8 ricordo; entra; è; farò; Sono; cambierei; Ho capito; era; dubitavo; mi immaginavo; l'ho saputo; mi sono arrabattata; potevo.

9 1. La settimana scora ho incontrato Giulio, un ragazzo che avevo conosciuto due estati fa in Corsica; 2. Andrò a salutare Franco e Marcello solo dopo che avrò finito di verniciare la porta; 3. Da bambino andavo spesso in montagna; d'inverno mi piaceva sciare, d'estate, invece, preferivo passeggiare nei boschi; 4. Ieri abbiamo incontrato un nostro compagno di scuola, lo abbiamo salutato e insieme abbiamo ricordato gli anni del Liceo; 5. Domani non posso venire ad aiutarti, ho promesso a Maura di andare da lei; 6. L'anno scorso i miei genitori hanno visitato la città di Recanati dove è nato Leopardi; 7. La signora Marta deve stirare i panni che ha steso ieri sera; 8. Sulla spiaggia ci sono tante tartarughe che cercano di deporre le uova; 9. I miei vicini di casa hanno già acceso il riscaldamento perché la loro casa è fredda; 10. Chi ha spostato i documenti che avevo lasciato sul tavolo?.

10 Era una bella serata di metà ottobre. I faggi avevano ancora le foglie e il sole era tiepido. I fiori si facevano più rari e le piante si spogliavano delle loro foglie. I versi degli insetti erano meno numerosi e intermittenti. Nell'erba scorazzava uno scarabeo; dei numerosi ragni che c'erano in agosto ne rimaneva forse uno. I moscerini danzavano ancora nell'aria serena ma le rondini che, di solito, calavano a mangiarseli, se ne andavano via. Il sole tramontava prima, enorme, lento e sonnolento e preannunciava cattivo tempo. Con il soffio del vento le foglie rosse e gialle dei faggi tremavano.

11 aveva lasciato; era andata; è avvenuto; si trova; ha abbaiato; ha richiamato; hanno avvertito; ha pensato; ha sfondato; ha tentato; hanno catturato; accompagnato; hanno medicato; ci sono stati; aveva assistito.

12 essere; è; hanno ereditato; è; guardare; si affolla; fornisce; permette; unire; ci sono.

13 ha; ha; è; precede; doveva sottostare; poteva; si realizzava; esistevano; si potevano; si travestivano; ha perso; si è trasformato; lascia; resta; approfittano.

14 scriveva; si alzava; ritrovare; posso; dire; sono passati; mi fa; parlare; è rimasta; cercare; mettere; sono andata; fare; era caduta; era; incombevano; è sopraggiunto; era; ho dovuto; Ho staccato; farli; danneggiare; ho preso; l'ho messa; sono venuta.

verbi modali

1 Posso entrare?; No, aspetta un momento per favore; 2. Devi proprio andare dal dentista?; Sì, ho un terribile mal di denti; 3. Stefano, puoi comprarmi qualche cartolina?; Certo, vuoi anche i francobolli?; 4. Signore, ci scusi, può prestarci il giornale?; Certo, finisco di leggerlo e ve lo do; 5. Possiamo usare il suo telefonino?; No, mi dispiace, è scarico; 6. Volete un altro panino?; No, grazie, non abbiamo più fame; 7. Scusi, dove possiamo trovare un bar?; In fondo a destra; 8. Volete un caffellatte?; Sì, grazie, ben caldo; 9. Può dirmi che ora è?; Mi dispiace, non ho l'orologio; 10. Sapete dirmi se i negozi sono aperti oggi?; No, oggi sono in sciopero.

2 1. posso; 2. potevo/ho potuto; 3. Non sono potuta; 4. posso/potrò; 5. ho potuto; 6. possiamo; 7. dobbiamo; 8. dovevate/avreste dovuto; 9. possono; 10. potevano/sono potuti; 11. può; 12. ha potuto; 13. so; 14. sapevo; 15. possiamo/potremmo/potremo; 16. Avremmo potuto/Potevamo; 17. può; 18. voleva; 19. potete; 20. possiamo/abbiamo potuto.

3 1. Per il ballo di fine anno Stefania si è voluta vestire/ha voluto vestirsi in lungo; 2. Io mi sono dovuto alzare/ho dovuto alzarmi in fretta perché era già mezzogiorno; 3. Dopo la sconfitta ci siamo dovuti vedere/abbiamo dovuto vederci al bar; 4. Dopo la litigata non si sono voluti parlare/non hanno voluto parlarsi neanche al telefono; 5. Si sono potuti capire/Hanno potuto capirsi bene perché parlavano la stessa lingua; 6. Anna e Donatella si sono dovute incontrare/hanno dovuto incontrarsi per parlare dell'organizzazione della gita; 7. Giulio si è potuto prendere/ha potuto prendersi tre giorni di ferie perché aveva finito il lavoro; 8. Non avevano tutti gli ingredienti perciò non si sono potuti preparare/non hanno potuto prepararsi un buon pranzetto; 9. Tu hai voluto sacrificarti/ti sei voluto sacrificare per i figli ma loro non lo riconoscono; 10. Tonino e Gloria non hanno potuto sposarsi/si sono potuti sposare per l'opposizione dei familiari.

4 1. I soldi per l'iscrizione puoi portarmeli/me li puoi portare domani; 2. Le gomme della mia automobile sono lisce, devo sostituirle/le devo sostituire con altre nuove; 3. La porta è aperta, puoi chiuderla/la puoi chiudere per favore?; 4. Luigi sta proprio male, dobbiamo portarlo/lo dobbiamo portare subito in ospedale; 5. Anna non conosce la strada. Puoi accompagnarla/La puoi accompagnare?; 6. Mi fai vedere le foto? No, non voglio fartele/te le voglio fare vedere perché hai le mani sporche; 7. Scrivi ora quegli indirizzi? No, non posso scriverli/li posso scrivere ora. Ho da fare; 8. Mi serve l'olio, puoi portarmene/me ne puoi portare una bottiglia?; 9. Quando presenta la sua ricerca? Devo presentarla/La devo presentare al prossimo convegno; 10. Le fodere del divano sono sporche. Non posso lavarle/le posso lavare perché la lavatrice è rotta.

5 1. Non posso uscire; mio marito deve preparare una relazione importante ed io voglio dargli/gli voglio dare una mano; Non sono potuta uscire; mio marito ha dovuto preparare una relazione importante ed io ho voluto dargli/gli ho voluto dare una mano; 2. I libri non posso restituirglieli/glieli posso restituire perché possono ancora servirmi/mi possono ancora servire; I libri non ho potuto restituirglieli/non glieli ho potuti restituire perché potevano ancora servirmi/mi potevano ancora servire; 3. Non posso prendere il treno delle sette; non posso proprio prenderlo/lo posso proprio prendere!; Non ho potuto prendere il treno delle sette; non l'ho potuto proprio prendere/non ho potuto proprio prenderlo!; 4. Mi pesa lasciare la famiglia ma devo farlo/lo devo fare perché non posso permettermi il lusso di rifiutare un lavoro così; Mi è pesato lasciare la famiglia ma ho dovuto farlo/l'ho dovuto fare perché non potevo permettermi/non mi potevo permettere il lusso di rifiutare un lavoro così; 5. Non voglio lasciare questa bella città e i miei amici, ma purtroppo devo salutarli/li devo salutare e partire; Non volevo lasciare questa bella città e i miei amici, ma purtroppo ho dovuto salutarli/li ho dovuti salutare e partire.

6 posso; posso; Vorrei; poterli; vorrei; so; devo; ti può; Vorrei; vorrei; posso.

L'italiano per stranieri

Amato
Mondo italiano
testi autentici sulla realtà sociale e culturale italiana
- libro dello studente
- quaderno degli esercizi

Ambroso e Di Giovanni
L'ABC dei piccoli

Ambroso e Stefancich
Parole
10 percorsi nel lessico italiano - esercizi guidati

Avitabile
Italian for the English-speaking

Balboni
GrammaGiochi
per giocare con la grammatica

Barki e Diadori
Pro e contro
conversare e argomentare in italiano
- **1** livello intermedio - libro dello studente
- **2** livello intermedio-avanzato - libro dello studente
- guida per l'insegnante

Barreca, Cogliandro e Murgia
Palestra italiana 1
esercizi di grammatica
livello elementare / pre-intermedio

Battaglia
Grammatica italiana per stranieri

Battaglia
Gramática italiana para estudiantes de habla española

Battaglia
Leggiamo e conversiamo
letture italiane con esercizi per la conversazione

Battaglia e Varsi
Parole e immagini
corso elementare di lingua italiana per principianti

Bettoni e Vicentini
Passeggiate italiane
lezioni di italiano - livello avanzato

Blok-Boas, Materassi e Vedder
Letture in corso
corso di lettura di italiano come lingua seconda
- **1** livello principianti e intermedio
- **2** livello avanzato e accademico

Buttaroni
Letteratura al naturale
autori italiani contemporanei
con attività di analisi linguistica

Camalich e Temperini
Un mare di parole
letture ed esercizi di lessico italiano

Carresi, Chiarenza e Frollano
L'italiano all'Opera
attività linguistiche attraverso 15 arie famose

Chiappini e De Filippo
Un giorno in Italia 1
corso di italiano per stranieri - primo livello
- libro dello studente con esercizi + CD audio
- guida per l'insegnante + test di verifica
- glossario in 4 lingue + chiavi degli esercizi

Cini
Strategie di scrittura
quaderno di scrittura - livello intermedio

Deon, Francini e Talamo
Amor di Roma
Roma nella letteratura italiana del Novecento
testi con attività di comprensione
livello intermedio-avanzato

Diadori
Senza parole
100 gesti degli italiani

du Bessé
PerCORSO GUIDAto guida di Roma
con attività ed esercizi di italiano per stranieri

du Bessé
PerCORSO GUIDAto *guida di* ***Firenze***
con attività ed esercizi di italiano per stranieri

du Bessé
PerCORSO GUIDAto *guida di* ***Venezia***
con attività ed esercizi di italiano per stranieri

Gruppo META
Uno
corso comunicativo di italiano - primo livello
- libro dello studente
- libro degli esercizi e grammatica
- guida per l'insegnante
- 3 audiocassette

Gruppo META
Due
corso comunicativo di italiano - secondo livello
- libro dello studente
- libro degli esercizi e grammatica
- guida per l'insegnante
- 4 audiocassette

Gruppo NAVILE
Dire, fare, capire
l'italiano come seconda lingua
- libro dello studente
- guida per l'insegnante
- 1 audiocassetta

Humphris, Luzi Catizone, Urbani
Comunicare meglio
corso di italiano - livello intermedio-avanzato
- manuale per l'allievo
- manuale per l'insegnante
- 4 audiocassette

Istruzioni per l'uso dell'italiano in classe 1
88 suggerimenti didattici per attività comunicative

Istruzioni per l'uso dell'italiano in classe 2
111 suggerimenti didattici per attività comunicative

Istruzioni per l'uso dell'italiano in classe 3
22 giochi da tavolo

Jones e Marmini
Comunicando s'impara
esperienze comunicative
- libro dello studente
- libro dell'insegnante

Maffei e Spagnesi
Ascoltami!
22 situazioni comunicative
- manuale di lavoro
- 2 audiocassette

Marmini e Vicentini
Passeggiate italiane
lezioni di italiano - livello intermedio

Marmini e Vicentini
Ascoltare dal vivo
manuale di ascolto - livello intermedio
- quaderno dello studente
- libro dell'insegnante
- 3 audiocassette

Paganini
ìssimo
quaderno di scrittura - livello avanzato

Pontesilli
I verbi italiani
modelli di coniugazione

Quaderno IT - n. 4
esame per la certificazione dell'italiano come L2
livello avanzato
prove del 2000 e del 2001
- volume + audiocassetta

Radicchi
Corso di lingua italiana
livello elementare
- manuale di lavoro
- 1 audiocassetta

Radicchi
Corso di lingua italiana
livello intermedio

Radicchi
In Italia
modi di dire ed espressioni idiomatiche

Stefancich
Cose d'Italia
tra lingua e cultura

Stefancich
Tracce di animali
nella lingua italiana tra lingua e cultura

Svolacchia e Kaunzner
Suoni, accento e intonazione
corso di ascolto e pronuncia
- manuale
- set 5 CD audio

Tettamanti e Talini
Foto parlanti
immagini, lingua e cultura

Totaro e Zanardi
Quintetto italiano
approccio tematico multimediale - livello avanzato
- libro dello studente con esercizi
- libro per l'insegnante
- 2 audiocassette
- 1 videocassetta

Ulisse
Faccia a faccia
attività comunicative
livello elementare-intermedio

Urbani
Senta, scusi...
programma di comprensione auditiva
con spunti di produzione libera orale
- manuale di lavoro
- 1 audiocassetta

Urbani
Le forme del verbo italiano

Verri Menzel
La bottega dell'italiano
antologia di scrittori italiani del Novecento

Vicentini e Zanardi
Tanto per parlare
materiale per la conversazione
livello medio-avanzato
- libro dello studente
- libro dell'insegnante

Linguaggi settoriali

Ballarin e Begotti
Destinazione Italia
l'italiano per operatori turistici
- manuale di lavoro
- 1 audiocassetta

Cherubini
L'italiano per gli affari
corso comunicativo di lingua e cultura aziendale
- manuale di lavoro
- 1 audiocassetta

Spagnesi
Dizionario dell'economia e della finanza

Dica 33
il linguaggio della medicina
- libro dello studente
- guida per l'insegnante
- 1 audiocassetta

L'arte del costruire
- libro dello studente
- guida per l'insegnante

Una lingua in pretura
il linguaggio del diritto
- libro dello studente
- guida per l'insegnante
- 1 audiocassetta

Finito di stampare nel mese di giugno 2003 da Gestioni Grafiche s.n.c. - Città di Castello (PG)